기합: 어떤 특별한 힘을 내기 위한 정신과 힘의 집중. 또는 그런 집중을 위해 내는 소리.
회차가 거듭될수록 점점 어려워지는 경영지도사 시험에 합격하기 위해서는 정신 무장
도 잘 해야 하며, 여기에 더해 시험에 합격하기 위한 전략도 잘 짜여 있어야 합니다.

이제까지 출제된 문제들을 기존 합격생들이 체계적으로 분석하여 이상적인 답안을 도
출해 수험생들에게 실용적인 도움을 주고자 노력하자는 의미에서 "기합: 기출을 보면
합격이 보인다"라는 중의적인 의미를 담았습니다.

최근 **7년간 출제됐던 문제들 전격 해부**

경영지도사 34기~37기 합격자들의
현장감 넘치는 생생한 문제풀이 및 리뷰

기 출을 보면 합 격이 보인다

성일경
이준열
염준섭
편 저

경영지도사 인적자원관리 | 인사관리

목차

추천사

現 한국노인인력개발원 재직
前 한국농수산식품유통공사 부사장

경영지도사 **김진영**

벌써 5년이 지나고 있지만 2018년은 잊지 못할 해로 기억되고 있습니다. 60세에 시작한 경영지도사 시험 준비는 결코 쉬운 공부가 아니었습니다. 굳어진 머리라는 것을 느꼈을 때는 출구 전략 명분만 찾는 자신을 발견하기도 하였습니다. 어려운 여건에서도 동차 합격의 기쁨을 누릴 수 있었던 것은 무엇보다도 기출문제 풀이를 위한 스터디 그룹에 참가했기 때문이었습니다. 경영지도사 2차 시험의 가장 어려운 점은 자신이 공부한 수험서에서 언급되지 않은 돌발 문제가 출제되는 것에 대한 대비입니다. 하지만 기출문제에 대한 지침서가 많지 않기에 혼자서 대비하기는 더더욱 어려운 실정입니다.

기출문제 스터디 그룹을 이끌어 주시고 함께 공부했던 멤버들이 모두 합격할 수 있는 기쁨을 누리게 해 주신 성일경 지도사님께 늘 감사함을 가지고 있습니다. 그동안의 기출문제 스터디 경험과 구성원들의 100% 합격 노하우를 충실하게 담은 《기출을 보면 합격이 보인다》 발간을 축하드립니다.

저자 3분이 한 자 한 자 정성 들여 조탁한 책의 내용을 보면서 땀으로 쓴 경영지도사(인적자원관리) 수험서라고 생각되었습니다. 이 책이 경영지도사 시험을 준비하시는 모든 분께 합격의 영광을 드릴 수 있기를 기대해 봅니다. 다시 한번 성일경, 이준열, 염준섭 세 분 저자님께 깊은 감사를 드립니다.

경영지도사 34기 **성일경**

경영지도사는 중소기업 경영에 대한 전문적이고 종합적인 진단·지도를 수행하는 것을 그 업무로 합니다. 그중에서도 '인적자원관리 분야'를 선택하신 분들의 안목에 진심으로 존경과 격려를 드립니다. 사람이 모인 집단과 조직에는 과거와 현재는 물론 미래에도 '인사가 만사'라는 격언은 금과옥조(金科玉條)로 여겨질 것으로 예상합니다. 그래서 《기출을 보면 합격이 보인다》의 첫 번째 과목을 인적자원관리 분야의 대표 과목인 '인사관리'로 선정한 배경이기도 합니다.

흔히들 자격시험 공부의 시작과 끝은 '기출문제'이고, 그중에서도 최근에 출제된 기출문제는 그 무엇보다도 강력한 예상 문제로 출제 경향을 암시하고 있습니다. 직장 생활과 사업을 병행하며 경영지도사 스터디 그룹을 알차게 운영하여 100% 전원 합격의 기쁨을 가질 수 있었음은 물론, 이 책이 나오기까지 알찬 조언을 해 주신 우성문 경영지도사, 이천구 경영지도사, 이준열 경영지도사, 염준섭 경영지도사님들 덕분입니다.

경영지도사 37기 **이준열**

본 교재를 편저하며 제가 느꼈던 수험생의 마음을 돌이켜 보았습니다.

첫째, 최소 대학교 4학기 이상 분량의 시험 범위와 수많은 교재와 자료의 내용을 어떻게 암기하고 답안지에 현출할 것인지 고민이 있었습니다. 물론 인사관리 과목 전반의 내용을 이해하고 암기한다면 더할 나위 없겠지만 일과 학업을 병행하는 저의 공부 시간으로는 어려운 문제였습니다. 또한 시험 시간 100분은 자신이 아는 내용을 장황하게 쓰기에는 생각보다 짧은 시간입니다. 때문에 다른 수험서나 학원 교재, 블로그 등에 있는 방대한 내용의 기출 문제 답안들은 저에게는 실제 답안 작성의 예시로는 적당하지 않았습니다. 이에 본 교재는 7개 연도의 기출문제를 통해 그동안의 출제 경향과 빈출 문제를 확인하고 최소한의 문제에 대한 대비를 하고자 하였으며, 실제 시험의 답안 예시로 저술해 보고자 하였습니다.

둘째, 저는 절대적으로 부족한 학습 시간을 어떻게 하면 효율적으로 활용할 것인가 고민하였습니다. 이 책에서는 제가 생각하는 주요 키워드(Cue)와 함께 아랫부분 공란에는 독자 여러분이 문제와 답을 보고 생각나는 부분을 스스로 정리하여 적어 볼 수 있도록 '코넬식 노트법'의 형식을 빌려 저술하였습니다. 답안을 읽어 보는 데 그치지 않고 내용을 생각하고 요약하여 적어 보는 방식은 암기하는 데 분명 도움이 되리라 생각합니다. 본 교재가 경영지도사 인적자원관리 분야 시험을 준비하시는 모든 분께 작은 도움과 함께 '뮤즈(Muses, 지나간 모든 것을 기억하는 학문의 여신)'가 되기를 진심으로 기원합니다.

경영지도사 37기 **염준섭**

　타 자격사에 비해 경영지도사는 분야가 4개로 나뉘어 있어 시험 과목과 그에 따른 교재도 세분화됩니다. 결국 출판사나 저자 입장에서도 시장이 그만큼 세분화되는 상황이라 분야별로 경영지도사 2차 시험만을 위한 교재나 수험서를 따로 출판하기에는 경제성 측면에서 타산이 맞지 않게 됩니다. 이런 이유에서 타 자격사에 비해 경영지도사 수험생만의 독특한 애로 사항이 발생합니다. 한 예로 어떤 수험서에서도 보지 못한 문제가 경영지도사 시험에 곧잘 출제되는 것은 이러한 배경에서 원인을 찾을 수 있습니다.

　《기출을 보면 합격이 보인다》는 그러한 어려움 속에서 공부하는 경영지도사 수험생에게 보다 직관적이고 효율적인 공부 방법을 제시하기 위해 만들었습니다. 지난 7년간의 기출문제들을 검토해 보고 그에 따라 이 시험이 가지는 방향성과 특성, 출제의 흐름과 채점의 기준을 유추할 수 있도록 만들었으니 수험생 여러분께 도움이 되리라 기대합니다.

　이 책은 설령 1쇄 완판이 되더라도 적자가 확정된 출판물입니다. 시장 논리대로라면 세상에 나올 수 없는 책입니다만, 위에 적은 어려움을 겪었던 경영지도사 선배들이 이 시험을 준비하는 후배들에게 드리는 작은 선물로 여겨 주시기 바랍니다.

머리말

김밥 다섯 줄의 힘

저는 2022년 경영지도사 인적자원관리 분야에 합격한 이준열 경영지도사의 아내입니다. 남편의 도전이 성공적으로 마무리된 것이 기쁘고 남편이 해당 분야의 책을 집필하게 된 것도 자랑스럽습니다. 늦지 않았을까, 무모한 도전은 아닐까 하는 의구심이 들 때도 있었지만 지치지 않고 목표를 향해 나아가는 남편의 모습은 가족 모두에게 귀감이 되었습니다. 뜨거운 열정으로 매주 모여 스터디 모임을 이어 나가던 남편의 공부 벗들은, 누구나 마음만 먹으면 도전을 할 수 있고 그 시간은 헛되지 않다는 것을 보여 주었습니다. 아래의 글은 그 뜨거웠던 시절의 일화를 소개한 것입니다.

지금도 곳곳에서 내일의 더 나은 나를 향해 도전을 이어 가고 있을 수험생 여러분께 열렬한 응원을 보냅니다.

용인교육지원청 교육자원봉사센터 센터장 송유정

"이번 토요일에 바빠?"

"아니? 왜? 스터디 밤늦게 끝나니 데리러 와 달라고?"

"아니~~ 내가 뭐 그렇게 간 큰 남편인 줄 아냐? 근데, 애들 점심은 뭐 해 줄 계획이야?"

"점심? 그냥 뭐 있는 거 대충 주면 되지. 그건 왜?"

"아니~ 혹~~~ 시라도 애들 김밥 싸 줄 거면 싸는 김에 다섯 줄만 더 싸 달라고~"

"다섯 줄? 스터디하는 사람들이랑 먹으려고? 밖에서 안 사 먹고?"

"공부하다가 밥 먹으러 나가면 시간 버리니까 김밥 사다 먹기로 했거든. 당신 김밥 잘 싸니까 자랑도 할 겸….”

"아, 밤 10시에 데리러 오라고 하는 건 간 큰 남편인 거고, 김밥 싸 달라는 건 간 큰 남편이 아닌 거구나….”

"아냐, 아냐. 안 싸도 돼~ 그냥 해 본 소리야. 애들 거 쌀 거면 싸 달라는 거지, 일부러 싸지 않아도 돼. 신경 쓰지 마~"

남편의 '그냥 해 본 소리'는 제 신경을 온통 김밥에 집중하게 했습니다. 안 싸자니 찜찜하고 싸자니 부담스러웠지요. 아이들 점심으로 대충 집에 있는 재료를 이용해 두어 줄 마는 것과 중년 아저씨들의 식사로 다섯 줄을 싸는 건 절대 같은 일이 아닙니다. 그걸 알 리 없는 남편이었습니다. 주말에 뭘 차려 먹을지 고민하는 아내에게 "집에 있는 거 대충 간단히 먹자~" 하는 사람이니, 말 다 했죠.

결국 저는 김밥을 싸기로 했습니다. 애석하게도, 김부터 시작해 김밥을 쌀 수 있는 모든 재료가 집에 있었지 뭡니까. 재료가 없어 못 싼다는 핑계를 댈 수가 없었던 겁니다. 게다가 그날따라 밥이 너무 잘 됐습니다. 평소엔 질거나 되거나 둘 중 하나이던 김밥용 밥이 딱 맞게 고슬고슬했습니다. 게다가 윤기까지 돌더군요. 그날은 유난히 김밥이 잘 말렸습니다. 매번 옆구리가 터지기 일쑤였고 다 말고 나면 양 끝으로 재료들이 줄줄 흘러나오는 실력이었는데 탄탄, 탱탱하게 말리는 것이 신기했습니다. 심지어, 잘 썰렸습니다. 칼이 유난히 잘 들었지요. 자르다가 풀어지고 너덜너덜해져서 이 칼 저 칼 바꿔 가며 자르곤 했는데 김밥집 칼처럼 쓱쓱 잘 썰렸습니다.

"에구, 남편 때문에 마누라 고생해서 미안해 어쩌지?"라며 형식적인 대화를 시작하는 남편에게 저도 기계적인 답을 던졌습니다.

"아니↗야↘. 이 김밥 먹으면서 부담감 팍팍 느껴서 시험에 꼭 합격하길 바랄게….."

1년 가까이 자격증 시험공부 중이었던 남편은 수험생 아들만 챙기는 아내에게 내심 섭섭한 게 많아 보였습니다. 본인에겐 더없이 중요한 시험이요, 내년엔 더 어려워진다고 하니 올해 꼭 합격하고 싶은 마음이 간절한데 아내에겐 그저 남 얘기인가 싶었을 것입니다. 하지만 아내 입장에서 제가 해 줄 수 있는 건 아무것도 없었습니다. 대신 공부를 해 줄 수도 없고 어떻게 공부하라고 조언을 해 줄 수도 없었습니다. 그러니, 김밥 다섯 줄 싼 것으로 수험생 뒷바라지 생색을 낼 수 있다면 꽤 괜찮은 장사이지 않나 싶었습니다.

김밥 다섯 줄로, 수능 보는 아들만 신경 쓰는 아내 때문에 제대로 수험생 대접을 받지 못한 남편의 모든 설움이 달래지기를 바랐습니다. '우리 와이프 내조가 이 정도요~'라며 어깨에 뽕 좀 들어가기를 바랐습니다. 마음 한편이 부담스러움으로 꽉 차서 밤을 새우고 코피를 쏟아 가며 공부하기를 바랐습니다. 이제 더는 집안에 수험생이 없는 삶을 살고 싶으니 단번에 꼭 합격하기를 바랐습니다. 김밥 댓 줄 싸 달라고 하고는 일 년 내내 욕을 듣지 않으려면 꼭 합격해야 한다는 사실을…. 잊지 말기를 바랐습니다. 그런 바람이 전해졌는지 남편은 결국 경영지도사 시험에 합격했습니다. 그리고 더 나아가 자신의 이름으로 책을 출판하기에 이르렀습니다.

도전은 성공 여부를 떠나 의미가 있습니다. 중년 남성의 도전은 더욱 그러합니다. 열정을 다했던 가정과 사회에서 제자리를 찾지 못하고 헤맬 때 삶을 더 의미 있고 재미있게 만들어 주기 때문입니다. 그런 아버지, 남편의 뒷모습을 보는 것이 가족들에게도 새로운 희망이자 행복입니다. 그들의 도전이 계속되기를 응원합니다. 그 길 중간에 서서 김밥도 말아 주고 시원한 물 한 잔도 건네며 열심히 응원하겠습니다.

경영지도사란?

　「경영지도사 및 기술지도사에 관한 법률」 제3조에 의거 중소벤처기업부장관이 실시하는 지도사 자격시험에 합격한 사람은 지도사의 자격을 가집니다. 경영지도사는 기업의 경영에 대한 전문적이고 종합적인 진단 및 지도를 수행하는 것을 그 업무로 합니다. 특히, 인적자원관리 분야 경영지도사의 업무는 기업의 인사, 조직, 노무, 사무관리의 진단과 지도를 수행하며, 이와 관련된 업무의 대행(중소기업 관계 법령에 따라 기관에 하는 신고, 신청, 진술, 보고 등의 대행을 말합니다) 역시 인적자원관리 분야 경영지도사의 업무입니다.

　「공인노무사법」 제2조 제1항 제4호에서는 공인노무사의 직무로 「근로기준법」을 적용받는 사업이나 사업장에 대한 "노무관리진단"을 규정하면서, 「공인노무사법」 제27조 제1항에서는 공인노무사가 아닌 자는 같은 법 제2조 제1항 제4호의 직무를 업으로 행하여서는 아니 되나, 다른 법률로 정하여져 있는 경우에는 그러하지 아니하다(단서)고 규정하고 있는바, 「경영기술지도사법」 제2조 제2항 제1호에서 인적자원경영지도사의 업무로 "인사, 조직, 노무, 사무관리의 진단·지도를 규정한 것이 「공인노무사법」 **제27조 제1항** 단서의 "다른 법률로 정하여져 있는 경우"에 해당하여, 「공인노무사법」 제2조 제1항 제4호에 따른 공인노무사의 직무 중 「경영기술지도사법」 제2조 제2항 제1호에 해당하는 직무는 인적자원경영지도사가 업으로서 수행할 수 있도록 인정됩니다.

　그리고 「공인노무사법」 제2조 제2항에서는 "노무관리진단"이란 사업 또는 사업장의 노사 당사자 한쪽 또는 양쪽의 의뢰를 받아 그 사업 또는 사업장의 인사·노무관리·노사관계 등에 관한 사항을 분석·진단하고 그 결과에 대하여 합리적인 개선 방안을 제시하는 일련의 행위를 말한다고 규정하고 있는 한편, 「경영기술지도사법」 제2조에서는 중소기업에 경영에 대한 전문적이고 종합적인 진단·지도를 수행하는 것을 경영지도사의 업무로 규정하면서(제1항), 그중 인적자원경영지도사의 구체적인 업무로 인사, 조직, 노무, 사무관리의 진단·지도(제2항 제1호), 그 진단, 지도 등과 관련된 상담, 자문, 조사, 분석, 평가, 확인(제2항 제5호) 및 그 진단·지도 등과 관련되고 중소기업 관계법령에 따라 기관에 하는 신고, 신청, 진술, 보고 등의 대행(제2항 제6호)을 규정하고 있는 점을 종합해 볼 때, 「공인노무사법」제2조 제1항 제4호에 따른 공인노무사의 직무 중 「경영기술지도사법」 제2조 제2항 제1호에 해당하는 직무의 경우 공인노무사와 인적자원경영지도사가 각각 그 직무 및 업무를 수행할 수 있다고 보는 것이 타당하다고 할 수 있습니다.

또한 「경영기술지도사법」은 경영지도사 및 기술지도사 제도를 확립하여 중소기업의 경쟁력 강화를 도모함으로써 국민경제의 발전에 기여함을 목적(제1조)으로 하면서, 舊 「중소기업진흥에 관한 법률」에서 규정하고 있던 경영·기술 지도사 관련 내용을 분리하여 별도의 법률을 제정함으로써, 중소기업에 인적자원관리, 재무관리 등의 경영과 기술혁신관리, 정보기술관리 등의 기술에 대한 전문적이고 종합적인 진단·지도를 수행하는 경영·기술 지도사 제도를 확립하려는 취지(각주: 2021. 4. 7. 법률 제17242호로 제정되어 2021. 4. 8. 시행된 「경영기술지도사법」개정이유 및 주요내용 참조)의 법률인바, 인적자원경영지도사도 「경영기술지도사법」에 따른 경영지도사의 업무 범위에서는 노무관리의 진단을 업으로 수행할 수 있다고 보아 중소기업이 구체적 상황과 관련 법령에 따라 공인노무사와 인적자원경영지도사 중에서 노무관리의 진단을 의뢰할 수 있는 상대방을 선택할 수 있다고 해석하는 것이 중소기업의 경쟁력 강화 및 경영·기술 지도사 제도 확립을 위한 경영기술지도사법의 입법취지에 부합합니다.

[출처] 【법제처 법령해석】「경영기술지도법」에서 인적자원관리 분야의 경영지도사의업무로 "인사, 조직, 노무, 사무관리의 진단·지도"를 규정한 것이 「공인노무사법」에 따라 다른 법률로 정한 경우에 해당 여부 | 작성자 임선우 행정사

01

인사관리
기출문제

10개년(2013~2022)

연도	배점	문제
2022	30	직무특성모형(Job Characteristics Model)을 설명하고, 핵심직무차원에 영향을 미칠 수 있는 방법에 관하여 논하시오.
	30	다면평가(360도 평가)의 개념, 장점과 단점, 효과적인 관리방안에 관하여 논하시오.
	10	최근 IT 기술의 발달로 인해 사무실이 아닌 곳에서 근무하는 경우가 늘어나고 있는데, 스마트 워크의 개념을 기술하고, 이에 따른 장점과 단점을 각각 4가지만 설명하시오.
	10	경력 닻(Career Anchor)의 개념을 기술하고, 8가지 유형에 관하여 설명하시오.
	10	사내공모제도(Job Posting and Bidding System)의 도입 목적을 기술하고, 장점과 단점을 각각 4가지만 설명하시오.
	10	국제기업이 해외 자회사에 본사 파견인력을 배치하는 경우와 현지국인을 채용하는 경우의 장점과 단점을 각각 설명하시오.
2021	30	고성과 작업시스템(High Performance Work System)의 개념, 주요 구성요소 그리고 그 효과에 관하여 논하시오.
	30	효과적인 인사평가시스템의 기준에 관하여 논하시오.
	10	직무분석의 절차와 직무정보의 수집방법에 관하여 각각 설명하시오.
	10	직무급(Job-based Pay)과 직능급(Skill-based Pay)에 관하여 각각 설명하시오.
	10	전략적 인적자원관리(Strategic Human Resources Management)를 설명하고, 전통적 인적자원관리(Traditional Human Resources Management)와 비교하여 차이점에 관하여 설명하시오.
	10	종업원 지원프로그램(Employee Assistance Program: EAP)에 관하여 설명하시오.

2020		
	30	성과관리의 주요 과정을 기술하고, 이와 관련하여 바람직한 목표의 기준으로서 영문의 앞 글자인 SMART 성과목표 및 균형성과지표(BSC: Balanced Score Card)에 기초한 핵심성과지표(KPI: Key Performance Indicator)에 대하여 설명하시오.
	30	집단성과배분제도로서 스캔론플랜(Scanlon Plan)과 럭커플랜(Rucker plan) 등이 있다. 집단성과배분제도의 개념, 스캔론플랜과 럭커플랜의 운영방식과 각각의 장단점을 논하시오.
	10	교육훈련에 있어 행동모델링(Behavior Modeling)의 개념과 특징 및 장단점을 설명하시오.
	10	호손(Hawthrone) 공장의 실험을 중심으로 인간관계론의 주요 내용을 기술하고, 인간관계론이 인사관리에 어떠한 시사점을 제공하였는지 설명하시오.
	10	산업재해의 예방대책으로 중요한 것은 발생원인을 사전에 제거하는 것이다. 산업재해 발생원인의 3가지 측면에서 예방대책을 설명하시오.
	10	기업이 해외법인이나 해외지사 등으로 파견하는 자국인을 선발할 때 고려하여야 할 점을 역량, 적응성, 개인특성의 3가지 요인을 중심으로 설명하시오.
2019	30	선발도구의 타당성에 관하여 설명하고, 면접 유형 및 면접자 오류에 관하여 각각 5가지씩 논하시오.
	30	Miles&Snow의 전략 유형인 방어형(Defender), 공격형 및 분석형을 인적자원관리의 초점 차원에서 설명하고, 각 유형에 따른 충원, 성과평가 및 보상에 미치는 영향을 논하시오.
	10	경력계획의 개념을 설명하고, 경력계획과정을 7단계로 설명하시오.
	10	인사평가를 정의하고, 강제할당법의 개념과 한계점 3가지를 설명하시오.
	10	직무기술서와 직무명세서가 각각 무엇인지 설명하고, 직무를 평가하는 방법 4가지를 설명하시오.
	10	성과배분제(Gain-sharing), 이익배분제(Profit-sharing), 종업원지주제(Employee Stock Ownership Plan)에 관하여 각각 설명하시오.

2018	30	임금체계의 개념을 설명하고, 임금체계의 4가지 유형과 각각의 장단점에 관하여 논하시오.
	30	승진(Promotion)의 의미와 중요성 및 승진 시 지켜야 할 원칙 3가지를 설명하고, 연공주의, 능력주의 승진정책의 의미 및 각각의 근거를 3가지씩 논하시오.
	10	내부모집과 외부모집이 필요한 상황을 설명하고, 각 모집 방법의 장단점을 설명하시오.
	10	평가센터(Assessment Center)의 의미와 활용 목적을 설명하고, 평가센터의 기법 중 3가지를 설명하시오.
	10	직장 내 교육훈련(OJT: On-the-Job Training)의 의미 및 장단점을 설명하시오.
	10	직무관리와 관련된 용어 중 과업(Task), 직위(Position), 직무(Job), 직군(Job Family), 직종(Occupation)의 개념을 설명하시오.
2017	30	개인의 심리적, 행동적 특성인 역량(Competency)의 5가지 구성요소와 역량모델을 수립할 때 활용되는 행동사건면접(BEI: Behavioral Event Interview) 기법에 관하여 논하시오.
	30	카페테리아식(Cafeteria Style)이라고도 하는 선택적 복리후생 제도(Flexible Benefit Plans)의 등장 배경과 개념, 3가지 유형(선택항목 추가형, 모듈형, 선택형 지출계좌형)을 설명하시오. 그리고 선택적 복리후생 제도의 장단점에 관하여 논하시오.
	10	직무순환(Job Rotation)의 개념, 조직에서의 성공 요건, 직무순환의 문제점에 관하여 각각 설명하시오.
	10	성과관리(Performance Management) 시스템 구축의 3가지 목적에 관하여 각각 설명하시오.
	10	홉스테드(G. Hofstede)의 다양한 문화를 구분할 수 있는 5가지 차원에 관하여 각각 설명하시오.
	10	교수체제설계(ISD: Instructional System Design)를 구성하는 5가지 단계인 ADDIE(분석→설계→개발→실행→평가) 모형에 관하여 각각 설명하시오.

2016	30	고몰입 인적자원관리시스템(High-involvement HR system)의 등장배경과 정의, 성과제고를 위한 고몰입 인적자원관리시스템의 3가지 기제(인적자본 측면)와 기제별 구성요소(실행방안이나 제도)에 관하여 논하시오.
	30	21세기 급변하고 있는 환경변화에서 한국기업의 인적자원관리의 패러다임이 근본적으로 바뀌고 있다. 한국기업 인사관리의 패러다임의 변화에 관하여 5가지만 논하시오.
	10	전직지원제도(Outplcaement)의 개념을 설명하고, 전직지원제도가 퇴직자 및 잔류구성원에 미치는 효과에 관하여 각각 설명하시오.
	10	근로에 대한 보상(Compensation)은 다양한 거래차원으로 접근할 수 있다. 경제적 거래차원 등 보상에 대한 5가지 거래차원에 관하여 각각 설명하시오.
	10	직무분석의 목적을 설명하고, 직무분석 방법 중에서 면접법 외에 3가지 방법만 설명하시오.
	10	직무공유제(Job Sharing)의 의미와 직무공유제의 장단점을 각각 4가지씩 설명하시오.
2015	30	선발의 유효성을 높이기 위해서는 선발도구의 신뢰도(Reliability)와 타당도(Validity)의 확보가 필수적이다. 선발도구의 신뢰도의 의미와 검증방법, 그리고 선발도구의 타당도의 의미와 검증방법(기준 관련 타당도와 내용 타당도에 초점을 맞출 것)을 논하시오.
	30	인사고과 방법 중 행동기준평가법(BARS: Behavioral Anchored Rating Scales)의 주요 내용, 장단점, 그리고 BARS와 행동관찰평가법(BOS: Behavior Observation Scales)의 차이점을 논하시오.
	10	테일러(F. W. Taylor)의 과학적 관리법에서 강조하는 인적자원관리 방법을 설명하시오.
	10	직무충실화(Job Enrichment)의 내용과 문제점에 관하여 설명하시오.
	10	인적자원의 수요예측에는 양적인 방법과 질적인 방법이 활용되는데, 이 두 방법의 세부 예측 기법들을 설명하시오.
	10	이직(Turnover)이 기업에 미치는 긍정적 효과와 부정적 효과를 설명하시오.

2014	30	직무분석의 개념, 목적 그리고 직문분석의 결과자료가 인적자원관리에 어떻게 활용되는지에 대해 각각 논하시오.
	30	멘토링의 개념과 멘토와 멘티에 대한 조직사회화 관련 기능을 각각 논하고, 공식적 멘토관계와 비공식적 멘토관계의 장단점을 각각 설명하시오.
	10	기업이 입사지원자를 선발하는 데 사용하는 시험이나 면접 등의 선발 도구가 신뢰성을 갖는다는 것이 어떤 의미인지 설명하고, 선발도구의 신뢰성을 측정하는 방법에 대해서도 설명하시오.
	10	인사고과 과정에서 범할 수 있는 고과자의 여러 가지 오류 유형 중 5가지만 약술하시오.
	10	조직구성원 경력개발과정을 경력계획 단계, 경력개발 단계, 평가 및 피드백 단계의 3단계로 구분하여 약술하시오.
	10	최근 여러 기업들이 임금피크제를 도입하고 있다. 임금피크제의 개념, 도입 의의 및 유형에 대해 각각 설명하시오.
2013	30	채용관리의 전반적인 프로세스에 대하여 설명하고 일반적인 선발절차와 선발도구가 갖추어야 할 4가지 요건, 선발 결정 시 나타날 수 있는 1종 오류와 2종 오류에 대하여 논하시오.
	30	본원적 경쟁전략 중 원가우위(Cost Leadership) 전략과 차별화(Differentation) 전략의 의미와 전략적 초점을 설명하시오. 더불어 각 전략유형별로 적합한 인적자원의 관리방식(직무관리, 인재상, 행동기대, 교육훈련, 승진 및 임금관리)에 대하여 논하시오.
	10	저성과자 관리의 필요성과 관리방법, 그리고 저성과자 관리에 있어서 장애요인에 대하여 설명하시오.
	10	직능급의 의미와 특징을 설명하고, 직능급과 직무급의 차이를 약술하시오.
	10	근로시간 단축의 긍정적 효과 및 부정적 효과(또는 문제점)를 설명하시오.
	10	스톡옵션에 대하여 간단히 설명하고 스톡옵션의 긍정적 기대효과와 잠재적인 문제점에 대하여 약술하시오.

02

직무,
확보

1. 직무분석의 의의와 절차

1) 의의

직무분석은 특정 직무의 내용 및 이를 수행하는 데 필요한 직무수행자의 행동과 육체적·정신적 능력을 밝히는 체계적인 활동이다.

직무수행자에게는 성공적인 직무수행에 필요한 광범위한 정보를 제공하고, 인사관리 제 기능 분야의 효율성 제고를 위한 정보를 제공하게 된다.

– 직무수행자에게 정보제공

– 인사관리 기능 분야의 효율성 제고를 위한 정보제공

2) 직무분석의 절차

① 예비 작업: 배경정보 수집과 직무단위(대표직무) 결정

직무분석에 필요한 조직도, 업무 분장표, 기존 직무기술서와 직무명세서 등 배경정보 등을 수집하고 분석의 대상이 되는 직무의 단위(과업, 직위, 직무, 직군 등)를 결정한다.

– 배경정보 수집
– 직무단위(대표직무) 결정

② 본 작업: 직무정보 수집

직무의 성격, 직무수행에 요구되는 행동방식, 인적요건 등 구체적인 직무정보를 수집한다.

– 직무정보 수집

③ 정리분석 작업: 직무기술서 및 직무명세서 작성

직무의 주요 특성과 함께 직무의 효율적 수행에 요구되는 활동들을 기록한 직무기술서와 직무수행에 필요한 인적 자질, 특성, 기능, 경험 등을 기술한 직무명세서를 작성한다.

– 직무기술서 작성
– 직무명세서 작성

2. 직무정보의 수집방법

* 암기법: 관면질작중

1) 관찰법

직무분석자가 직무수행자의 행동이나 업무과정을 직접 관찰하는 방법으로 정보를 수집하는 것이다.

관찰법

- 장점: 생산직, 기능직 등 표준화되거나 짧은 순환 과정을 가진 직무에 적절하며 직무 정보를 간단하게 얻을 수 있음
- 단점: 내면적·정신적 활동 관찰 불가, 관찰자의 주관 개입, 장기간 관찰 어려움

2) 면접법

면접법

직무분석자가 사전에 준비된 면접질문서를 가지고 직무수행자를 대면 면접하여 정보를 수집하는 방법이다.

- 장점: 정신적, 육체적 행위를 모두 기술할 수 있으며 직무수행 주기가 긴 경우 요약 설명이 가능
- 단점: 직무분석자와 직무수행자의 호의적 관계가 없으면, 정확한 정보를 얻기 어려움

3) 질문지법

질문지법

사전에 설계한 표준화된 질문지를 활용하여 직무정보를 수집하는 방법

- 장점: 시간·비용을 절약, 폭넓은 정보의 수집이 가능
- 단점: 질문지 개발에 시간과 노력이 필요, 정보의 맥락성 감소, 커뮤니케이션 문제 발생

4) 작업기록법

작업기록법

직무수행자의 작업일지나 메모사항으로 해당 직무에 대한 정보를 수집하는 방법

- 장점: 장시간 작성된 작업일지의 경우, 내용 자체에 대한 신뢰도 향상
- 단점: 원하는 정보가 아닌 경우 그 활용도가 낮아짐

5) 중요사건기록법

중요사건기록법

직무수행자의 직무행동 중 성과와 관련하여 효과적인 행동과 비효과적인 행동을 구분하여 그 사례들을 수집하고, 이로부터 직무성과에 효과적인 행동패턴을 추출하여 분류하는 방법

- 장점: 직무행동과 성과 간의 관계를 직접적으로 파악 가능
- 단점: 많은 시간과 노력이 필요하며, 포괄적 정보의 획득에 제약이 있음

1. 직무분석의 개념과 목적

직무의 내용 및 직무수행자의 행동을 밝히는 활동

1) 직무분석의 개념
직무분석은 특정 직무의 내용 및 이를 수행하는데 필요한 직무수행자의 행동과 육체적·정신적 능력을 밝히는 체계적인 활동이다.

직무중심 인사관리
인사관리 기능 분야의 효율성 제고를 위한 정보 제공
직무수행자에게 정보 제공

2) 직무분석의 목적: 직무중심의 인사관리를 가능하게 한다.
① 인사관리의 제 기능 분야의 활동을 보다 효율적으로 수행하는 데 필요한 정보를 제공하게 된다.
② 직무수행에 필요한 체계적 정보를 직무수행자에게 제공하게 된다.

> * 인사관리 제 기능 분야의 직무분석 활용(직무분석의 목적)
>
> 1. 확보관리
>   ① 인력의 수요산정 및 인력공급예측(내부공급원)
>   ② 모집의 의사결정과 직무명세서를 통해 지원자에게 정보 제공
>   ③ 해당 직무의 적격자를 보다 과학적으로 선발가능(P-J fit)
>
> 2. 개발관리
>   ① 교육훈련 내용과 방법, 담당자, 대상자 결정에 필요한 정보를 제공
>   ② 종업원이 직무요건과 비슷한 역량을 가지고 있을 때에는 전환배치에, 직무요건보다 높은 역량을 가지고 있을 때는 승진관리에 활용
>
> 3. 평가관리
>   ① 종업원에게 해당 직무의 성과가 무엇인지 인식하게 하고,
>   ② 직무성과의 표준과 실제 직무성과를 비교하여 정확한 성과의 측정을 가능하게 한다.

4. 보상관리

① 임금관리, 특히 직무급과 직능급의 확립에 활용

② 직무의 난이도와 성과에 따른 복리후생을 제공하기 위하여 활용

5. 유지관리

① 작업장에서의 안전사고 예방을 위한 대책수립을 용이하게 한다.

② 종업원 사기를 제고할 수 있어서, 동기부여에 유용하다.

6. 이직(방출)관리

① 비자발적 이직(인력감축)에 대한 합리적 의사결정에 정보를 제공한다.

② 직무구조의 개선을 통해 자발적 이직에 대한 관리가 가능하다.

7. 직무재설계

변화하는 환경에 맞추어 통합 또는 분리해야 하는 직무를 선별함으로써, 지속적으로 업무 효율화를 꾀할 수 있다.

2. 직무분석의 방법

1) 기능적 직무분석(Functional Job Analysis)

미국 노동성에 의해 개발된 것으로 자료(Data), 사람(Man), 사물(Thing)과 관련되는 기능의 정보로 분류하고 정리하는 방법이다. (장점) 특정 직무를 비교적 간단하게 분류하여 쉽게 사용할 수 있지만, (단점) 너무 단순하여 직무평가에 적용하는 데 한계가 있다.

> * 암기법: 능직위관리목록
>
> 자료, 사람, 사물

2) 직위분석 질문지법(Position Analysis Questionnaire)

맥코믹(McCormick)에 의해 개발된 '직위분석용 설문지'로서, 6개 범주 총194개의 항목으로 구성된 질문지를 통해 직무에 대한 표준화된 정보를 수집하게 된다. (장점) 선발과 직무분류 및 직무평가 용도로 널리 활용되고 있으나, (단점) 직무와 성과와의 관계를 도출하기 어려워, 인사평가 및 교육훈련 용도로는 활용되고 있지 않다.

> 맥코믹
>
> 6개 범주 194개 항목

3) 관리직위기술 질문지법(Management Position Description Questionnaire)

토나우(Tornow)와 핀토(Pinto)가 관리직에 필요한 자질을 13개 범주, 총 208개의 항목으로 나누어 측정하도록 만든 직무분석 방법이다. (장점) 관리자의 교육

> 토나우&핀토
>
> 관리직 필요자질 13개 범주, 208개 항목

필요성 진단과 적합한 보상정책 수립 및 직무가치 평가에 유용하나, (단점) 직접
적인 근무성과 측정 활용에는 한계가 있다.

4) 과업목록법(Task Inventory Procedure)

설문지를 이용하여 분석하고자 하는 직무의 모든 과업을 열거하고, 이를 상대적
소유시간, 빈도, 중요성, 난이도, 학습의 속도 등의 차원에서 평가한다. (장점) 과
업의 내용을 체계적으로 분석할 수 있으며, 현실적인 직무내용의 파악이 가능하
고, 교육훈련 용도로 효과적이다. (단점) 그러나 개발비용이 많이 들며, 직무 간
의 상대적 비교가 어렵기 때문에 직무평가 용도로 활용되기 어렵다.

미 공군
모든 과업 열거

I 직무분석 활동의 결과물

1. 직무기술서

직무분석의 결과에 의거하여 직무수행과 관련된 과업 및 직무행동을 일정한 양식에 기술한 문서이다. 직무내용의 요약, 직무수행의 방법 및 절차, 사용되는 원재료와 장비 및 도구, 작업조건 등을 기술하게 된다.

2. 직무명세서

직무분석의 결과에 의거하여 직무수행에 필요한 종업원의 행동, 기능, 능력, 지식, 경험 등 인적특성과 각종 자격조건을 일정한 양식에 기술한 문서이다.

II 직무평가의 의의와 방법

1. 직무평가의 의의

직무분석 결과 밝혀진 직무의 구체적인 내용(직무기술서) 및 이를 수행하기 위해 요구되는 작업자의 자격요건(직무명세서)을 가지고 해당 직무의 상대적 가치를 결정하는 체계적 활동을 말한다.

2. 직무평가의 방법

	계급적(구간 有)	계열적(구간 無)	
정성적(점수화 X)	분류법	서열법	종합적
정량적(점수화 O)	점수법	요소비교법	분석적
	직무 vs 기준	직무 vs 직무	

직무기술서
직무의 내용요건을 기술한
문서/과업 중심적

직무명세서
직무의 인적요건을 정리한
문서/인적특성

직무의 상대적 가치 결정

* 암기법: 서분점요

1) 서열법

직무의 상대적 가치에 기초를 두고 각 직무의 중요도와 장점을 평가자가 주관적으로 종합적(포괄적)으로 판단하여 순서를 정하는 평가방법이다.

중요도와 장점을 가지고 평가자의 주관적 판단에 의해 상대적 가치 결정

> – 장점: 직무 간의 상대적 중요도를 비교적 쉽고 빠르게 판단
> – 단점: 평가자의 주관 개입, 서열 간 차이 정도 파악 어려움, 평가대상 직무 수가 많거나 유사직무가 많을 경우 활용하기가 쉽지 않음

2) 분류법(=등급법)

사전에 몇 개의 등급을 만들어 놓고 각 등급에 해당되는 직무요소들의 기준을 설명해 놓은 다음에 직무를 조사하여 각 기준에 부합되는 등급으로 분류 배치하는 방식이다.

사전에 만들어 놓은 등급에 각 직무를 적절히 판정하여 맞추어 넣는 방법

> – 장점: 실시과정이 비교적 간단하고 용이하다.
> – 단점: 각 등급의 정의를 내리는 것이 어려우며, 주관적 판단이 개입할 여지가 있다. 또한 중간등급의 차별화에 어려움이 있다.

3) 점수법

직무를 평가요소에 따라 분해하고, 각 요소별로 그 중요도에 따라 점수를 준 후 이 점수를 합계하여 각 직무의 가치를 평가하는 방법이다.

요소별 중요도에 따라 점수를 산정하고, 총 점수를 계산하여 평가하는 방법

> – 장점: 직무들 간의 가치비교를 구체적으로 할 수 있으며, 평가요소 및 가중치가 결정된 이후에는 평가과정에서의 주관성이 최소화되어 임금수준 결정 시 합리성 및 공정성 확보에 도움이 된다.
> – 단점: 평가요소 및 가중치 설정에 평가자의 주관이 개입될 가능성이 있으며, 시간과 비용이 요구된다.

4) 요소비교법

핵심이 되는 몇 개의 기준직무(대표직무)를 선정하고 각 직무의 평가요소를 기준직무의 평가요소와 비교함으로써 직무의 상대적 가치를 임금액으로 평가하여 결정하는 방법이다.

직무를 전체적으로 비교하는 것이 아니라, 요소별로 기준직무와 비교하는 방법

> – 장점: 대표직무만 적절히 선정되면 점수법보다 합리적이어서 임금 공정성 확보와 평가의 타당도 및 신뢰도에 우수하다.
> – 단점: 방법과 과정이 복잡하여 종업원의 수용성에 문제가 있으며 평가요소들에 대한 서열을 매길 때 평가자의 주관이 개입될 가능성이 있다.

직무관리와 관련된 용어 중 과업(Task), 직위(Position), 직무(Job), 직군(Job Family), 직종(Occupation)의 개념을 설명하시오. [2018년 10점]

기출 및 유사문제
▣ 다시 출제되기는 쉽지 않으나, 직무관리의 기본 개념을 공부한다고 생각하면 될 것 같습니다.

1. 직무관리의 의의

직무의 내용과 이를 담당하는 종업원의 자격에 대한 체계적 파악(직무분석)을 토대로 직무들 간의 가치평가를 수행(직무평가)하여 궁극적으로 조직목표 달성을 위한 직무의 구조 및 내용의 설계가 이루어지는 제반 활동(직무설계)을 말한다.

직무분석+직무평가+직무설계

2. 조직에서의 업무단위

과업, 직위, 직무, 직군, 직종 등의 개념은 구분되는 것이지만, 실제로 이들을 명확히 구별하여 사용하는 경우보다는 유사한 의미로 혼용하는 경우가 많다.

1) 과업(Task)
독립된 목적으로 수행되는 하나의 명확한 작업활동으로 종업원에게 할당된 일의 단위이다.

독립된 목적의 작업 활동

2) 직위(Position)
한 개인에게 할당된 과업의 집단으로 여러 과업이 합쳐져서 하나의 직위가 이루어진다.

한 개인에게 할당된 과업

3) 직무(Job)
작업의 종류와 수준이 비슷한 직위들의 집합으로서 유사한 업무내용을 가진 직위들을 하나의 관리단위로 설정한 것을 말한다.

직위들의 집합

4) 직군(Job Family)
유사한 직무의 집단을 의미한다. 동일한 직군 내의 직무 간에는 상호 이동이 가능한 경우가 많다.

직무의 집단

5) 직종(Occupation)
유사한 직군들의 집단을 의미한다.

직군들의 집단

직무순환(Job Rotation)의 개념, 조직에서의 성공요건, 직무순환의 문제점에 관하여 각각 설명하시오. [2017년 10점]

기출 및 유사문제
▣ 다시 출제되기는 쉽지 않으나, 직무관리의 기본 개념을 공부한다고 생각하면 될 것 같습니다.

1. 직무설계와 직무순환의 개념

1) 직무설계의 의의

직무들 간의 수행방법을 결정하는 활동

직무설계란 조직의 목표를 달성하고 개인의 욕구를 만족시키기 위하여 조직에서 수행되는 여러 직무 간의 내용, 기능, 관계를 설정하고 그 수행방법을 결정하는 활동을 말한다.

직무설계의 구체적 방법은 크게 직무범위의 축소와 관련된 전문화와 직무범위의 확대와 관련한 직무확대, 직무충실 등의 현대적 직무설계 방법들이 있다.

〈현대적 직무설계 방법〉

	개인수준	집단수준
수평적 직무확대화	직무확대	직무교차
		직무순환
수직적 직무확대화	직무충실	준자율적 작업집단

2) 직무순환의 개념

여러 직무, 여러 작업자, 일정 기간을 주기로 순환

집단을 대상으로 하는 수평적 및 수직적 직무확대 방법으로서, 여러 직무를 여러 작업자가 일정 기간을 주기로 순환하여 수행하는 것을 말한다.

2. 직무순환의 조직에서의 성공요건

경력경로의 준비, 체계적인 사전계획

경력경로가 미리 준비되어 있는 등 직무순환이 체계적인 사전계획에 의해 설계되어야 한다. 이를 통해 기업의 경력정체를 해소하고 작업자의 매너리즘, 지루함 등을 감소시켜 외부 노동시장의 영향을 감소시킬 수 있을 것이다.

3. 직무순환의 문제점

① 작업진행에 방해를 초래하는 등 생산성의 저하 및 비용증가의 문제가 발생할 우려가 있다.

② 단기적 해결책일 뿐 본질적으로 직무 자체를 바꾸는 것이 아니고, 단지 직무와 종업원 간의 결합을 바꾸는 것이기 때문에 전문성이 결여되는 문제가 발생할 수 있다.

③ MPS(Motivating Potential Score: 동기부여 잠재점수)가 낮은 직무들 간의 순환 시 동기유발 효과가 제한적이다.

생산성 저하, 비용 발생, 종업원의 전문성 결여, 동기유발에 제한적

1. 사내공모제도의 의의

내부노동시장 모집방법

사내공모제도는 대표적인 내부노동시장(Internal Labor Market, ILM)에서 활용되는 공개형 모집방법으로, 공석의 직위 발생 시 사내에 지원공고를 내고 스스로 해당 직위에 대한 자격을 갖추었다고 생각하는 종업원이 지원하게끔 하는 제도이다.

2. 사내공모제도의 도입목적(Williamson의 거래비용이론의 관점)

저렴한 비용

① 조직 내부의 능력 있는 인재가 공석의 지위에 지원하도록 하여, 상대적으로 저렴한 비용으로 적합한 인재를 선발할 수 있다.

조직특화지식 활용

② 중장기적으로 내부노동시장을 통해 육성되는 '조직특화 지식의 수익'이 외부노동시장을 통해 확보된 인재를 통하는 것보다 크다고 판단 시, 사내공모를 통한 모집을 활용하게 된다.

③ 그 밖에 이후에 기술하는 사내공모제도의 장점으로 인해 사내공모제도를 도입하게 된다.

3. 사내공모제도의 장단점

1) 장점

동기부여
상대적으로 저렴한 비용

① 종업원에게 승진기회를 제공하여, 사기를 진작하고 동기부여에 효과적이다.

② 지원자에 대한 내부평가 자료[성과평가 자료 및 평판(Reference) 자료 등]가 있어 평가가 용이하며 정확성이 확보된다.

③ 모집비용이 외부모집보다 상대적으로 저렴하다.

④ 낮은 이직률을 보인다.

2) 단점

① 외부인력의 영입이 차단되어 조직의 정체가능성이 있다.

② 조직내부에 존재하는 역학관계나 파벌의 영향을 받을 가능성이 높다.

③ 지원자의 소속부서 상사와 불화를 겪을 가능성이 있다.

④ 성장기업의 경우 사내공급이 불충분하고 인재선택의 폭이 감소될 수 있다.

⑤ 선발과정에서 여러 번 탈락될 경우, 지원자의 심리적 위축이 우려된다.

조직정체 가능성

파벌조성

인재 선택의 폭 감소

내부모집과 외부모집이 필요한 상황을 설명하고, 각 모집의 장단점을 설명하시오.
[2018년 10점]

기출 및 유사문제
■ 각각의 장단점을 개별적으로 외우기보다는 서로의 장단점이 반대인 것으로 이해하면 좋을 것 같다.

1. 모집의 원천

외부노동시장
내부노동시장

기업이 필요로 하는 인적자원에 대한 모집원천은 크게 조직외부[외부노동시장(External Labor Market)]를 통한 모집방법과 조직내부[내부노동시장(Internal Labor Market)]에 의한 모집방법으로 나눌 수 있다.

Make 전략

2. 내부모집(교육훈련 및 경력관리 중시, Make 전략)

1) 필요한 상황
① 내부구성원의 동기부여와 로열티가 중요한 경우
② 조직내부의 보안이 중요하거나 기업의 문화가 특수한 경우
③ 외부노동시장에서 쉽게 확보되지 않는 핵심역량이 필요한 경우
④ Miles&Snow의 방어형 전략을 활용 가능하며, Williamson의 거래비용 관점에서 구성원의 개발비용이 외부 영입비용보다 저렴한 경우

2) 장단점
① 승진 기회의 확대로 종업원의 모티베이션 향상
② 모집에 드는 비용이 저렴하며 소요되는 시간이 단축됨
③ 인재선택의 폭이 좁아지고 조직의 폐쇄성이 강화됨
④ 부족한 업무능력 보충을 위한 교육훈련비가 증가함

Buy 전략

3. 외부모집(시장경제 원리 중시, Buy 전략)

1) 필요한 상황
① 빠르게 변화하는 환경(특히 기술의 변화)에 대처해야 하는 경우
② 외부노동시장에서 쉽게 모집될 수 있는 경우
③ 경쟁적 기업문화가 보편적으로 자리 잡은 경우

④ Miles&Snow의 공격형 전략을 활용 가능하며. Williamson의 거래비용 관점에서 구성원의 외부 영입비용이 개발비용보다 저렴한 경우

2) 장단점

① 인재선택의 폭이 넓어지고 외부로부터 인력이 유입되어 조직분위기 쇄신 가능
② 인력수요에 대한 양적 충족이 가능하며 새로운 지식, 경험 축적이 가능해진다.
③ 모집에 많은 비용과 시간이 소요되며 조직 분위기에 부정적인 영향이 예상된다.
④ 내부인력의 승진기회 축소 등으로 실망한 종업원들의 이직가능성이 증가한다.

직무공유제(Job Sharing)의 의미와 직무공유제의 장단점을 각각 4가지씩 설명하시오.
[2016년 10점]

기출 및 유사문제

▣ Job Sharing제도, Job분할제도의 의미와 효과에 관해서 약술하시오. [10점] (2009년 제14회 경영지도사시험)

1. 직무공유제의 의미

내부방출 전략

하나의 풀타임 업무를 둘 이상의 파트타임 업무로 전환

일반적으로 인력이 과잉공급될 경우 방출관리(감원이나 고용조정)를 하게 되지만, 그 대체안(案)으로 내부방출전략 중 하나인 직무공유제를 활용할 수 있다. 직무공유는 하나 이상의 정규 근로(풀타임 업무)를 둘 이상의 파트타임 근로로 전환시키는 것으로, 복수의 근로자가 하나의 직무를 공유하게 된다.

2. 직무공유제의 장단점

1) 장점

인건비 감축
노동의 유연성 증가
종업원의 기술다양성 증가
노동환경 변화 대응

① 기업의 인건비 감축효과와 인력활용의 유연성이 증가한다.
② 종업원에게 추가적인 개인시간의 확보와 사용을 가능하게 해 준다.
③ 둘 이상의 종업원이 하나의 직무를 수행하는 과정에서 서로의 지식, 기능, 경험의 폭을 확대하는 데 도움이 된다.
④ 여성인력 비중의 확대와 맞벌이 부부의 증가, 파트타임 근로의 선호 등 노동환경의 변화에 대응하기 적합하다.

2) 단점

추가 비용지출
적용 어려운 업종 있음
임금감소 우려

① 임금과 복지혜택 등 예상치 못한 추가적인 비용지출이 증가할 가능성이 있다.
② 여럿이서 하나의 직무를 수행하는 데 대한 각종 교육훈련비가 지출될 수 있다.
③ 서비스업종 등 적용하기 어려운 업종들이 있다.
④ 종업원 입장에서 근무시간의 축소로 인한 임금감소 우려와 부정적인 시각 등이 존재한다.

* 인력수급 불균형 시의 대책

1. 인력부족에 대한 대응(인력수요가 공급을 초과하는 경우)

   ① 궁극적 대응: 신규인력 채용, 교육훈련 실시, 경력개발 등

   ② 임시적 대응(대체안): 초과근로, 임시직, 아웃소싱, 파견근로 등의 활용

2. 인력과잉에 대한 대응(인력공급이 수요를 초과하는 경우)

   ① 궁극적 대응: 정리해고, 다운사이징

   ② 임시적 대응(대체안): 직무공유제, 조기퇴직 유도, 조직 내 인력의 재배치, 노
      동시간 단축

직무특성모형(Job Characteristics Model)을 설명하고, 핵심직무차원에 영향을 미칠 수 있는 방법에 관하여 논하시오. [2022년 30점]

기출 및 유사문제
▣ Hackman과 Oldham의 직무특성모형의 내용 및 비판을 약술하라. [25점] (2010년 제19회 공인노무사시험)

I 서론: 동기부여와 현대적 직무설계

노력의 강도, 방향성, 지속성, 조직효과성 달성에 기여

동기부여(Motivation)란 목표를 달성하기 위해 개인이 취하는 노력의 강도와 방향성 및 지속성을 설명하는 것으로, 현대적 직무설계는 종업원의 만족과 보람을 통해 개인의 동기를 부여시켜 조직효과성 달성에 기여하도록 직무를 설계하게 된다.

II 직무특성모형(Job Characteristics Model)의 내용

1. 의의

Hackman과 Oldham은 5가지 핵심직무차원이 중요한 심리상태에 영향을 주어 조직 구성원들이 동기부여가 되고, 그 결과 직무만족, 높은 수준의 작업성과 등 조직 성과에까지 긍정적인 영향을 줄 수 있다고 보았다. 이 과정에서 개인의 성장욕구 정도가 직무특성의 효과를 조절하게 된다.

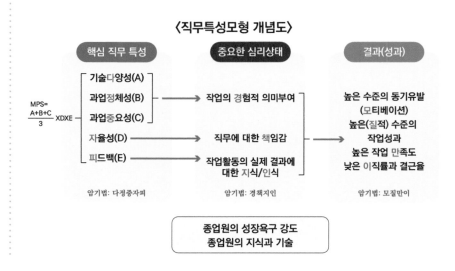

〈직무특성모형 개념도〉

2. 핵심직무차원: 동기를 유발하는 직무특성

1) 기술다양성(Skill Variety)
업무수행 시 여러 가지 기능과 개인적 재능이 요구되는 정도

* 암기법: 다정중자피

2) 과업정체성(Task Identity)
특정 직무가 다른 직무와 비교해 보았을 때 전체적으로 뚜렷하게 구별될 수 있는 완결성을 가지는 정도

3) 과업중요성(Task Significance)
해당직무가 조직목표 달성이나 타인의 삶에 영향을 주는 정도

4) 자율성(Autonomy)
직무계획 및 수행에 있어 자유와 독립성이 주어지는 정도

5) 피드백(Feedback)
업무수행 후 효과성과 적절성에 대한 명확한 정보가 본인에게 제공되는 정도

3. MPS와 중요심리상태

1) MPS(Motivating Potential Score: 동기부여 잠재점수)
MPS가 높은 직무는 기술다양성, 과업정체성, 과업중요성, 자율성, 피드백이 높은 직무에 해당한다.

> **MPS ={(기술다양성+과업정체성+과업중요성)/3}×자율성×피드백**

2) 중요심리상태
핵심직무특성에 대한 MPS 점수가 높을수록 종업원들은,
 ① 직무의 의미를 보다 잘 이해하고
 ② 본인의 역할 수행에 대한 책임의식을 갖게 되며
 ③ 과업이 잘 수행되었을 때 어떤 결과로 이어지는지에 대한 명확한 지식과 내재적 보상을 얻게 된다.

3. 결과(성과) 및 조절변수

1) 결과
  ① 높은 수준의 동기유발
  ② 높은 수준의 작업성과
  ③ 높은 직무만족도
  ④ 낮은 이직률과 결근율

2) 조절변수: 종업원의 성장욕구 강도
높은 성장욕구를 가진 종업원들은 충실화된 직무가 주어졌을 때 낮은 성장욕구를 가진 종업원들에 비해 보다 긍정적인 심리 상태를 가질 가능성이 높고, 내재적 동기도 증가하게 된다.

Ⅲ 핵심직무차원에 영향을 미칠 수 있는 방법

직무재설계를 통한 내재적 동기 증가

직무의 재설계를 통해 종업원으로 하여금 일하는 재미와 내재적 동기를 증가시킬 수 있다.

1. 직무충실(Job Enrichment)

직무의 실행(Do) 영역뿐만 아니라 계획(Plan), 통제(See) 영역까지도 종업원에게 위임함으로써 자율성과 피드백을 증가시키고, 이를 통해 자아 성취감과 일의 보람을 느낄 수 있도록 하여 높은 동기를 유발시키고 생산성 향상을 도모할 수 있다.

2. 직무순환

작업자에게 다양한 직무를 순환적으로 수행하게 함으로써 기술다양성, 과업정체성, 과업중요성을 증가시킬 수 있다.

3. 준자율적 작업팀

작업집단에 어느 정도의 자율성을 부여함으로써 구성원 스스로 직무를 통제하고 조정할 수 있도록 한다. 이를 통해 구성원의 사회적 욕구 충족과 협동시스템 구축, 개인의 성장욕구 충족을 가능하도록 한다.

Ⅳ 결론

직무확대 및 직무충실화에 대한 이론적 근거를 제시한 것이 직무특성이론이다. 개인의 성장욕구를 감안한(개인차 반영) 직무영역의 확대를 통해 일의 재미와 보람을 증대시키고, 종업원들의 내재적 동기를 부여하여 조직의 높은 성과를 이룰 수 있을 것이다.

생략가능 ☞
직무요구조건과 지원자의
자격요건 간의 적합성

I 선발도구와 선발도구의 평가기준

선발은 지원서 분석, 선발시험, 면접법, 평가센터법 등 다양한 선발도구를 통해 조직 내 필요로 하는 직위에 적합한 자격을 갖춘 사람을 선별해 내는 과정이다. 선발의 유효성은 직무가 요구하는 조건과 지원자의 자격요건 간의 적합성이 높을수록 증가하며 이 둘을 제대로 결합시킬 수 있는 좋은 선발도구를 사용하여야 달성할 수 있다. 한편, 선발도구를 통해 원하는 인재가 제대로 선발되었는지를 평가하는 기준으로 신뢰성, 타당성, 효용성, 산출률, 수용률 등이 있으며 아래에서는 타당성을 중심으로 설명한다.

* 암기법: 준동예기내구

II 선발도구의 타당성(Validity)

1. 개념

목적과 취지에 부합, 예측치
와 준거치 간의 상관관계

타당성이란 특정 선발도구가 그 목적과 취지에 부합되는 정도를 말한다. 타당성 측정을 위해서는 측정결과를 비교할 수 있는 기준이 필요하며, 통상적으로 선발도구를 통해 수집된 점수(예측치)와 실제 직무성과(준거치) 간의 상관관계를 확인하게 된다.

2. 유형

1) 준거타당성
선발도구의 측정치와 직무성과와의 관계로부터 측정되는 타당성을 말하며 동시타당성과 예측타당성으로 구분할 수 있다. 선발도구가 선발기능에 도움이 되는지를 검증하게 된다.

① 동시타당성

선발도구의 측정치가 그 직무를 담당하는 현직 종업원들의 직무성과와 관련되어 있는 정도를 말한다. 따라서 준거치와 예측치의 적용시점은 동일하다.

현직 종업원들의 직무성과와 관련

② 예측타당성

선발도구의 측정치가 지원자의 미래 직무성과를 어느 정도 예측할 수 있는지의 정도를 말한다. 지원자의 선발점수와 입사 후 일정기간 경과 후 그들이 달성한 직무성과를 비교하게 된다. 따라서 준거치와 예측치의 적용시점은 상이하다.

지원자의 미래직무성과 예측

2) 기술(descriptive) 타당성

선발도구의 측정항목과 실제 측정되는 내용(구성개념) 간의 관계로부터 도출되는 타당성을 말하며, 내용타당성과 구성타당성으로 구분된다. 선발도구가 도구로서의 본질에 충실한지를 검토할 수 있다.

① 내용타당성

선발도구의 측정내용이 측정의 원래 취지를 담고 있는 정도를 말한다.

② 구성타당성

선발도구의 측정항목들이 이론적인 속성에 부합되고 논리적인 특징을 가지는 정도를 뜻한다.

이론적 속성에 부합

3) 신뢰도와 타당도와의 관계

선발에 있어서 신뢰도와 타당도는 서로 밀접한 관계를 갖고 있으며, 타당도와 신뢰도가 있어야만 선발의 의미가 있다.

① 선발도구의 신뢰성이 낮으면 타당성도 낮다. 반면에 타당성이 낮다고 신뢰성까지 낮은 것은 아니다.
② 선발도구의 타당성이 높으면 신뢰성도 높다. 하지만 신뢰성이 높다고 타당성까지 높은 것은 아니다.

III 면접유형 및 면접자 오류

1. 면접유형

※ 보통의 교재에서는 면접의 유형으로 비구조화 면접, 구조화 면접, 반구조화 면접의 3가지로 구분하며, 면접기법으로 다양한 방법 등을 설명하나, 문제에서

'면접유형 5가지를 논하라' 하였으므로, 면접의 유형과 기법을 섞어 5가지를 설명하고자 한다.

1) 비구조화 면접

지원자의 다양한 측면에 대해 면접관이 중요하다고 판단되는 내용을 자유롭게 질문하고, 그에 대해 지원자가 답할 수 있도록 하는 면접이다.

지원자 내면의 본심 파악에 유리하며 질문이 유출될 우려가 적다. 하지만 질문에 일관성이 없어, 지원자 간 비교가 어렵고 면접관 개인의 편견이나 상황 또는 상동효과에 의해 영향을 받을 수 있으므로 면접관의 철저한 사전준비가 필요하다.

2) 구조화 면접

비구조화 면접의 단점인 평가자 간 신뢰성 저하를 극복하기 위하여 등장한 기법으로 사전에 조직화된 질문지를 작성하여 이를 면접에 사용하는 방식이다. 면접관에 따른 면접내용의 편차를 줄이며, 지원자 간 상호비교가 가능하여 적격자 선발에 유리하다. 하지만 지원자 본심 파악이 어렵고 질문이 유출될 경우 신뢰성에 문제가 생길 수 있다.

3) 반구조화 면접

구조화 면접과 비구조화 면접의 특성을 절충하여 주요사항은 사전에 조직화된 질문지를 사용하고, 지원자의 세부적인 특성 등은 면접자의 재량에 따라 질문하는 방식이다. 이 기법은 선발의 신뢰성과 타당성을 훼손하지 않는 선에서 지원자 내면의 본심을 파악하기에 적합하지만, 구조화 면접과 비구조화 면접의 단점이 모두 나타날 수 있다.

4) 집단 면접

여러 명의 지원자를 한꺼번에 면접하는 방식으로 시간이 절약되고, 여러 지원자 간 비교가 가능하며 우수한 지원자를 파악하기 용이하다.

5) 위원회 면접

다수의 면접관이 한 명의 지원자를 평가하는 방법으로 평가의 신뢰성이 높은 반면, 피면접자가 심리적으로 위축될 가능성이 있으며 비용이 많이 든다.

자유롭게 질문
본심파악에 유리하나 지원자 간 비교가 어려움

신뢰성 저하 극복
조직화된 질문지
지원자 간 상호비교 가능

구조화 면접과 비구조화 면접의 절충

지원자 간 비교

높은 평가신뢰성

---

2. 면접자 오류

면접자의 오류는 주로 면접과정의 지각오류에 기인한다.

1) 후광효과(Halo Effect, Horn Effect)

평가자가 피평가자의 어느 한 특징으로 전체를 평가해 버리는 경향을 말한다. 이러한 유형의 오류를 감소하기 위해서는 구조화 면접으로 면접방식을 개선함과 동시에 면접평가자에 대한 교육이 필요하다.

> 하나의 특성으로 전체를 평가

2) 고정관념(상동오류, Stereotyping)

특정한 유형(종교, 성별, 인종, 지역 등)에 대해 가지고 있는 편견에 근거하여 발생하는 오류를 말한다. 이를 극복하기 위해서는 면접관 스스로 객관적 시각을 갖추기 위해 노력할 필요가 있으며, 위원회 면접방식 등 면접관 의도가 상대적으로 덜 개입할 수 있는 면접방법을 사용할 필요가 있다.

> 특정 유형에 대한 편견

3) 맥락효과(Context Effect)

동일한 대안이라고 할지라도 어떤 대안과 함께 평가되는지, 그 맥락에 따라서 평가 및 선택 결과가 달라질 수 있는 현상을 말한다. 집단 면접의 경우 맥락효과가 발생할 우려가 있다. 이를 극복하기 위해서는 평가기준과 방법에 대한 면접자의 사전교육이 필요하며, 기업의 인재상 정립 및 성공적인 직무수행 요건에 대한 분석을 통해 주요 선발기준 등을 정의하는 것이 요구된다.

> 맥락에 따른 다른 결과

4) 초두효과(Primacy Effect)와 최근효과(Recency Effect)

가장 먼저 또는 가장 나중에 면접한 지원자에 대한 정보가 더 큰 영향력을 보이는 현상으로 면접자 교육, 구조화 면접의 실시 등으로 극복할 수 있다.

5) 범위제한의 오류: 관대화 경향, 중심화 경향, 가혹화 경향

지원자의 능력 등 평가점수를 실제보다 더 높게, 보통 또는 척도상 중심으로, 실제보다 의도적으로 낮게 평가하는 것을 말한다. 비구조화된 면접보다는 구조화된 면접과 위원회 면접 등을 통해 이런 오류를 해결할 수 있다.

Ⅳ 결론

면접을 통한 지원자의 선발은 상황에 따른 적합한 면접유형을 선택함으로써 그 오류를 줄이고, 선발도구의 신뢰성과 타당성을 확보할 수 있을 것이다.

개발,
평가

개인의 심리적, 행동적 특성인 역량(Competency)의 5가지 구성요소와 역량모델을 수립할 때 활용되는 행동사건 면접(Behavioral Event Interview) 기법에 관하여 논하시오.
[2017년 30점]

기출 및 유사문제
- 역량(Competency)의 개념, 특징, 그리고 효과적인 역량중심 인사평가 시스템의 구성방안을 설명하시오. [25점] (2013년 제22회 공인노무사시험)

출제자의 의도에 대해 묻지도 따지지도 않는다면, 별다른 개연성이나 맥락은 상관없이 문제에서 요구한 대로 역량 따로, BEI 면접 따로 열거식으로 논술하게 될 텐데 그렇게 해서는 채점자의 눈에 들기 힘들 것으로 보입니다.

출제자가 왜 역량과 함께 행동사건면접을 같이 질문했는지에 대해 먼저 호흡을 가다듬으면서 의도를 파악할 필요가 있습니다.

이번 문제의 가장 큰 함정은 '개연성'이라고 봤습니다. 그래서 저는 Part II에서 문제에서 요구하지 않은 주제인 '역량 중심 인적자원관리'를 따로 할애하여 '역량'과 'BEI 면접'이라는 두 주제 사이에 접속사처럼 끼워 넣었습니다.

또 하나, "논하시오."라는 요구는 수험생의 공부 깊이뿐만 아니라 평소 해당 주제에 대한 사고의 깊이를 묻는 질문이기도 합니다. 이 부분에 대한 답안을 체계적으로 작성할 수 있다면 가점을 받을 수 있는 요소가 될 것입니다.

답안 작성

I 역량

1. 역량의 의의

1) 개념
역량은 실력 또는 성과실현능력으로 해석되며 우수한 성과를 내는 사람들이 보통의 사람들과 다르게 보여 주는 특성 및 태도나 행동으로 정의된다. 현대 인사조직론에서는 역량을 직무수행에 효과적이거나 우수한 성과의 원인이 되는 개인의 동기, 특성, 자아개념, 지식, 기술의 총체로 정의한다.

2) 중요성

성과: 능력과 동기부여의 함수로 잘 알려져 있다. 다시 말해 성과 창출을 위해서
는 능력과 동기 모두 필요하다는 의미가 된다.
역량: 관찰 가능한 행동 또는 활동으로 측정될 수 있는 개인의 행동 특성이며,
개인들 간의 성과 차이를 유발하는 결정적 요소이다.

특히 교육훈련 및 개발을 통해서 향상될 수 있는 요소이기 때문에 역량을 평가
하고 개발하는 것은 매우 중요하다 할 수 있다. 이를 현실에 접목해 보면 미국 메
이저리그의 하위 팀인 오클랜드 애슬레틱스의 단장인 빌리 빈이 부자 구단과의
머니 게임을 회피하면서 동시에 팀 성적을 향상시키기 위해 선수 선발의 척도로
보다 직관적인 역량 측정에 초점을 맞추었던 과정을 상기해 볼 수 있다.

다시 말해, 대기업이나 중견기업에 비해 상대적으로 열악한 환경에 놓인 중소기
업의 입장에서도 성과에 직접적인 영향을 미치며, 성과 달성의 재현이 가능한
역량이 무엇인지를 판별하고 측정할 수 있는 척도를 갖추게 된다면 인력 수요에
있어 그들만의 경쟁력을 확보할 수 있게 된다는 의미가 된다.

2. 역량의 5가지 구성요소 – 자아개념, 지식, 특성, 기술, 동기

* 암기법: 자식특기동

역량 중심 인적자원관리의 관점에서, 역량은 측정할 수 있을 뿐 아니라 개
발될 수도 있는 성과 달성 요소로 보았는데 그렇다면 측정될 수 있는 척도
이자 개발될 수 있는 요소란 무엇인가에 대한 정의로 연계할 수 있게 된다.
일반적으로 역량은 다음과 같은 5가지 구성요소의 결합으로 해석된다.

1) 자아개념
능력, 태도, 느낌 등을 포함한 자기 자신에 대한 주관적인 인식을 말한다.

2) 지식
특정 분야에 대해 개인이 가지고 있는 정보의 수준 및 문제 해결을 위한 지식수
준을 말한다.

3) 특성

개인의 신체적인 특성분 아니라 성격 등의 내적 특질 등을 포함한 특질을 말한다.

4) 기술

특정한 직무를 수행함에 있어 이를 달성할 수 있는 신체적 또는 정신적 능력을 말한다.

5) 동기

동기란 개인의 행동이 발현되기까지의 심리적 상태를 뜻한다. 핀더는 작업동기에 대해 개인의 작업행동을 일으키며 그 행동의 강도, 방향성, 그리고 지속성을 변화시키는 역동적인 힘의 집합으로 정의한 바 있다.

Ⅱ 역량 중심 인적자원관리

1. 역량 중심 인적자원관리의 의의

1) 개념

역량 중심 인적자원관리는 기존의 인사관리와 비교해 역량이 직무 성과에 더욱 중요함을 인식하고 조직 목표의 달성에 필요한 역량을 정의 내리고 이를 측정 및 개발하는 인적자원관리를 의미한다.

2) 배경

전통적인 인사관리에서는 선발과 평가의 척도로 개인의 인성적인 특질을 중시하였는데, 이러한 평가에는 신뢰성을 저해하는 오류들이 발생하기도 하였다.

이에 대한 비판에 기초하여 전통적 인사평가의 약점을 보완하고 극복하기 위한 방법론으로 BARS나 BOS, 중요사건 기록법과 BEI 등의 기법들이 개발되었다.

2. 역량 중심 인적자원관리와 BEI 면접의 상관관계

중요한 것은 인적자원관리의 관점에서 봤을 때 성과로 연결되지 않는 역량은 역량이 아니라는 것이다. 또한 어떠한 외재적 변수의 개입 없이 개인의 역량에 의한 성과라면 그 성과는 재현될 수 있어야 한다. 이러한 관점에서, 행동사건 면접을 비롯해 역량에 대한 구체적인 측정 지표들을 갖는 행동사건 면접은 역량 중심 인적자원관리에 있어서 중요한 역할과 기능을 하게 된다.

Ⅲ 행동사건 면접

1. 의의

행동사건 면접이란 평가 역량에 대한 피평가자의 과거 경험을 인터뷰 형식으로 탐색하여 역량 모델링을 만드는 과정과 활동을 말한다. 피평가자가 과거 수행한 직무와 일상생활에서의 관련 경험과 행동 등을 자세하게 파악하기 위하여 성공 사례뿐 아니라 실패 사례 역시 질문하며, 답변에서 나타난 구체적인 각각의 행동들을 근거로 역량의 내용과 수준을 파악하는 심층 면접 기법이다. 주된 질의응답 내용이 주로 과거의 경험 사례에 대한 질문을 통해 이루어지기 때문에 PBI(Past Behavior Interview)라고 불리기도 한다.

2. 형태

과거의 경험을 유도하는 초기의 질문과 피평가자의 답변에 따라 후속 질문이 이어지게 된다. 피평가자의 구체적인 행동 방식이 파악될 때까지 연계된 질문들을 반복하게 되며, 이때 가장 많이 사용하는 질문 모형이 STAR 모형이다.

> STAR 모형이란 과거의 사건에 대한 구체적 상황(Situation), 그 상황에서 수행했던 과제와 역할(Task), 해당 과제를 효과적으로 수행하기 위해 피평가자가 취했던 구체적인 행동들(Action), 그러한 행동들로 인한 구체적인 결과(Result)를 말한다.

3. 특징

1) 강점

고성과자들의 지식과 경험, 행동 양식 등을 활용하여 확대, 재생산할 수 있다는 점이다. 구체적이고 심층적인 면접을 통해 역량을 보유한 고성과자의 모델링을 확보함으로써 이를 교육훈련에 활용할 수 있기 때문이다.

2) 약점

중요함에도 불구하고 잘 관측되지 않는 역량이 누락되거나 모델링되지 않을 가능성 또한 존재한다. 또 면접 과정에 있어 피평가자의 소극적인 태도나 정직하지 않은 답변으로 인해 잘못된 데이터 수집으로 이어질 가능성 또한 존재한다.

4. 결론(행동사건 면접의 효과적 기능 수행을 위한 방안)

결국 피평가자 역시 인간이고 면접의 목적이 역량 모델링을 위한 것이라 하더라도 해당 면접이 피평가자 개인에 대한 인사 평가로도 이어질 수 있다는 불안감을 가질 수밖에 없다.

따라서 역량 기반 인적자원관리에 대한 평가자와 피평가자 모두의 인식이 동일 선상에 있도록 전반적인 조직 문화의 수정이 선결되지 않는다면 해당 기법이 효과를 보기는 요원할 것이다.

무엇보다 일선의 중소기업들이 이러한 평가 기법들을 적극 도입하는 것은 앞서의 이유로 인력 수요에 있어 자체적인 경쟁력을 확보할 수 있는 좋은 계기가 될 수 있으나 이러한 면접 과정에서 평가 오류가 범해진다면 오히려 도입하지 않은 것만 못한 결과로 이어질 수 있으므로 평가자에 대한 철저한 교육이 선행되어야 할 것이다.

성과관리 시스템 구축의 3가지 목적에 관하여 각각 설명하시오. [2017년 10점]

기출 및 유사문제
■ 성과관리(Performance Management)에 관한 다음 물음에 답하시오. [50점] (2019년 제28회 공인노무사시험)
  * 물음 1) 성과관리의 목적 3가지와 효과적인 성과관리 운영을 위한 기준 5가지에 관하여 각각 설명하시오. [20점]
  * 물음 2) 효율적인 성과관리를 위한 프로세스, 평가자의 역할, 평가결과의 활용방안에 관하여 각각 논하시오. [30점]

1. 성과관리(평가관리)의 의의

1) 성과관리의 개념
종업원의 능력과 태도 및 업적을 조직효과성의 관점에서 보다 정기적이고 체계적으로 검토, 분석하는 인사 기능의 제반 과정과 활동을 말한다.

2) 성과관리의 배경
전통적인 관점에서의 인사평가는 과거 실적 또는 인적 특성에 따라 서열이나 우열을 판정적인 태도로 비교 및 추정하는 것이 일반적이었다. 그러나 최근에는 각 직무를 담당하는 종업원의 성과를 평가하는 것뿐 아니라 그와 동시에 그의 잠재적 능력과 개발 가능성에 초점을 둠으로써 구성원에 대한 동기부여의 수단으로 활용하는 동시에 목표 달성을 위한 종합적인 통제의 한 과정으로도 활용하게 되었다. 이러한 이유로 최근에는 '평가관리'라는 용어 대신 '성과관리'라는 용어를 사용하는 추세이다. 성과관리 시스템을 구축하는 목적은 아래에서 기술할 세 가지이다.

2. 성과관리 시스템 구축의 3가지 목적

1) 전략적 목적 - 조직효과성 증대
조직 차원의 목표 달성을 위한 종업원의 노력과 성과를 평가 및 관리하는 것이 여기에 해당한다. 인사평가는 개인뿐 아니라 팀 활동들 역시 조직목표와 전략적 방향에 부합하는지 확인할 수 있는 도구가 되며, 조직의 사업전략이 요구하는 핵심직무와 활동들을 개인과 팀이 잘 수행할 수 있도록 독려하는 기능 역시 수행하게 된다.

2) 관리적 목적 - 효율과 통제

관리적 목적은 인사관리시스템의 한 하위요소로서 평가관리가 갖는 피드백 루프 기능이라 할 수 있다. 인사평가를 통해 조직은 종업원(또는 집단)의 상대적 가치를 결정할 수 있다. 그 결과로 조직은 적합한 인재를 발굴하여 적재적소에 배치할 수 있으며, 인사평가의 결과와 채용시험 및 승진과의 비교를 통해 이들 인사기능의 타당성을 검토할 수 있는 척도로 활용되기도 한다. 한편으로는 인력감축의 필요성이 제기될 때 그 근거로 활용될 수도 있다.

3) 개발적 목적 - 능력 개발과 동기부여

인사평가는 인적자원개발을 위한 계획 활동으로서의 기능도 수행한다. 종업원의 능력과 업적을 합리적으로 판단하여 장기적인 인력개발에 필요한 양적, 질적 자료를 제공받을 수 있으며, 공정한 처우를 제공함으로써 동기부여에 기여한다. 이러한 과정은 종업원의 강점과 약점을 파악하여 코칭활동과 경력개발계획의 수립에도 영향을 미치게 된다.

교수체제설계(ISD: Instructional System Design)를 구성하는 5가지 단계인 ADDIE(분석 →설계→개발→실행→평가) 모형에 관하여 각각 설명하시오. [2017년 10점]

기출 및 유사문제

▣ 기업교육훈련 프로그램 개발을 위한 필요성 분석(Needs Analysis)에 관하여 약술하라. [25점] (2008년 제17회 공인노무사시험)

해당 주제는 출제 배경부터 약간 고개를 갸웃하게 하는 문제이긴 합니다.
경영지도사의 주 활동무대인 중소기업 교육 현장에서 해당 주제가 과연 현실성이 있는가에 대한 의문과 함께, 대부분의 수험생이 교재로 사용하는 책들 어디에도 교수체제설계를 다루는 챕터를 찾아보기가 쉽지 않기 때문입니다.

막상 시험장에서 이런 문제를 맞닥뜨리면 숨이 턱 하고 막힐 겁니다. 출제됐던 2017년 당시에도 공부는커녕 책에서 본 기억도 없는 수험생들이 대다수였을 겁니다.

교수체제설계를 묻는 문제이니 이것은 인사관리 과목의 큰 뼈대인 직무&확보, 개발, 평가, 보상, 유지, 방출(일명 확개평보유방) 중 개발에 관련된 내용이라는 걸 알 수 있습니다.

또 5단계인 ADDIE라는 것도 금시초문이지만 '분석→설계→개발→실행→평가'의 5단계는 Plan-Do-See의 형태를 5단계로 녹인 것 같은 느낌이 듭니다.

분석과 설계는 Plan의 개념으로, 개발과 실행은 Do의 범주에서, 마지막으로 평가는 그대로 See의 형태로 녹이는 작업으로 생각하면 됩니다.

답안 작성

1. 교수체제설계의 의의

1) 개념
교수체제설계란 교수활동의 전개과정을 최적의 조건으로 구성함으로써 교수효과를 증진시키려는 교수계획의 수립활동을 말한다. 교수의 과정을 이해하고 개선하려는 데 그 목적을 두고 있으며, 특히 학습자의 요구와 교수 목표를 분석하여 적절한 교수계획을 수립하려는 목적을 가지고 있다.

2) 취지

최근 산업계에서 사용자(소비자)의 반응을 빠르게 파악하여 제품 및 서비스의 개선을 기민하게 조치하는 애자일, 프로토타입 등의 조직 개편 등과 함께 교육의 대상자인 종업원이 직무 수행에 있어 필요한 교육이 무엇인지를 가장 정확하게 알고 있으므로 이 학습자의 니즈에 맞춰 교육 프로그램을 설계한다는 사상적 배경이 교수체제설계의 기업 조직 도입에 깔려 있다고 볼 수 있다.

2. 5단계 모형(ADDIE)

1) Analysis(분석)

교육이 시작되기 전 반드시 선행되어야 하는 중요한 단계이다.

기업 조직과 해당 피교육자들이 원하는 교육의 니즈를 파악하고 분석하며 학습자의 수준과 특성, 기대 등을 파악한다. 또한 교육에 실제 사용할 수 있는 자원들과 학습공간의 물리적 환경 분석도 여기에 포함된다.

2) Design(설계)

분석한 결과를 토대로 교육의 제반 사항에 대해 설계하는 단계이다.

학습목표를 설정하고 그 목표의 완성도를 위해 평가도구를 선정하고 교육의 전개방식을 정하는 교수전략을 수립하며 교안을 구상하는 단계이다.

3) Development(개발)

교수자료를 개발하고 강의안을 직접 제작하는 단계이다.

교수전략 등이 반영된다는 점에서 교수체제설계의 핵심적인 활동에 해당되는 단계이기도 하다. 이 단계에서 교수자료의 초안 제작 및 수정이 이루어진다.

4) Implementation(실행)

교육이 직접 이루어지는 단계를 말한다.

교수 프로그램의 실제 사용이 전개되며 질적 수준의 유지를 위한 관리가 필요한 단계이기도 하다. 동시에 계획상에서 미처 탐색하지 못했던 보완 사항, 즉 필요한 지원체제를 발견하게 된다.

5) Evaluation(평가)

전 단계에 걸친 총괄 평가를 실시하여 교수프로그램의 효율성 및 효과성을 평가하는 단계이다.

교수체제설계에 따르면 이 평가는 ADDIE의 최종적, 종말적 단계가 아니라 이 피드백을 바탕으로 차후의 교수체제설계 분석의 토대로 활용되는 특징을 가지고 있다. 즉, ADDIE의 5단계는 순환적인 형태의 고리 구조로 구성되어 있다.

I 승진의 의미와 중요성 및 3원칙

1. 승진의 의미

승진이란 기업조직 내 개인이 현재 수행하는 것보다 '더 나은 직무'로 이동하는 과정을 말한다. '더 나은 직무'란 과거보다 권한 및 책임의 크기가 증가하거나(직무내용의 변화) 임금 및 지위 등이 증가하는 경우(총보상의 상승)를 모두 포함한다.

2. 승진의 중요성

1) 구성원의 관점
거대화 및 기계화된 현대 조직에서 구성원 개인은 점차 전문화되고 특수화된 직무를 수행하게 되었는데, 이러한 환경하에서는 개인은 자아실현 욕구를 충족시키기가 쉽지 않기에 자신과 잘 맞는 직무의 수행을 통한 직장생활의 보람과 기쁨을 제공할 필요가 있다는 점에서 승진 제도의 중요성이 있다.

2) 기업의 관점
기업조직의 입장에서도 적절한 승진정책은 우수인재의 유치와 내부인력의 동기부여를 통한 조직효과성의 증대에 기여하는 바가 크다.

* 암기법: 적공합

3. 승진의 3원칙 – **적정성, 공정성, 합리성**

기업마다 고유의 경영이념이나 조직문화가 각기 다를 수 있으며 각 조직이 처한 환경과 상황에 따라 인사관리의 기본 방향 역시 다소의 차이가 있을 수 있다.

그러나 각기 다른 상황과 환경하에서도 기업 조직이 승진에 있어 공히 원칙으로 아래의 세 가지를 정하는 이유는 결국 개인이 느끼는 공정성으로 인해 직무만족도와 조직몰입도, 더 나아가서는 조직효과성으로까지 그 효과가 이어지기 때문일 것이다.

1) 적정성 - 승진 보상의 크기

승진에서의 적정성이란 조직에 대한 공헌의 크기와 승진 기회 간의 상관관계를 말한다. 시간적인 차원에서 과거 선배들의 승진 연한과 비슷한 속도로 승진하지 못하거나, 공간적 차원에서 유사업종의 타사 구성원들과 비교하여 자사 직원들이 받고 있는 승진의 기회가 다르다면 승진의 적정성이 보장되지 않는 상황이라 볼 수 있을 것이다.

Adams는 그의 공정성 이론을 통해 준거대상과 보상의 크기 비교를 통해 체감하는 공정성의 정도로 동기부여 여부가 결정된다고 주장하였는데 이 이론에 근거하여 개인의 동기부여가 훼손됨으로 인해 최종적으로 조직효과성의 저해가 일어날 수 있으므로 이는 결국 기업 조직에도 유리한 상황은 아닐 것이다.

2) 공정성 - 승진 보상의 배분

승진에서의 공정성이란 승진의 기회를 올바른 사람에게 주었는가와 관련된 개념이다. 조직에서 승진 가능한 인력 수가 확정될 때 그 승진의 기회가 임의로 배분되는 것이 아니라 원칙에 입각한 배분이었는지를 묻는 개념이다. 즉, 배분 공정성의 문제에 관한 원칙이다.

3) 합리성 - 공헌의 측정 기준

합리성의 원칙이란 조직구성원이 조직의 목표달성을 위해 공헌한 내용을 정확히 파악하기 위하여 어떤 것을 공헌으로 간주할 것인가에 관한 원칙이다.

기업은 조직의 목표를 달성함과 동시에 종업원의 만족도를 향상하기 위해 연공과 능력을 조화시키는 방향으로 승진 기준을 합리적으로 설정하는 것이 바람직할 것이다. 따라서 이러한 승진 기준은 계층별, 직종별로 세분화되는 것이 유리하며, 계층별로 볼 때 상위직으로 갈수록 능력의 비중을 높이고, 하위직으로 갈수록 연공의 비중을 높이는 것이 바람직할 것이다.

직군, 직종별로는 각각의 직무에서 요구되는 자질 내지 능력에 따라, 즉 적재적소 적시의 원칙을 참고하여 승진 기준에 반영하는 것이 보다 합리적일 것이다.

Ⅱ 연공주의·능력주의 인사정책의 의미 및 근거

1. 연공주의

1) 연공주의의 의미

연공주의란 구성원 개인이 조직에 공헌한 기간을 승진의 판단 기준으로 보는 것
이다. 전통적 인사관리에서 주로 사용하는 원칙이며, 유교적인 관점과 잘 부합
하기도 한다. 전문직보다는 일반직종에, 상위층보다는 하위층에 적용되는 경우
가 많다.

2) 근거

① 연령 및 학력에 따른 서열화가 장유유서의 유교적 가치관이 중시되는 한국
   의 기업문화에서 사내 협동시스템 구축에 유리하다.
② 연공과 숙련도는 비례할 가능성이 높다는 가정이 지배적인 사회 전반적인
   인식이 있다.
③ 규모가 작은 기업조직일수록 객관적이고 체계적인 평가시스템의 구축이 미
   비하기 때문이다.

2. 능력주의

1) 의미

능력주의란 개인의 직무수행 역량을 승진의 판단 기준으로 삼는 것을 말한다.
현대적 인적자원관리에서 주로 활용하는 원칙이며, 서구적인 관점과 잘 부합한
다. 일반직보다는 전문직종에, 하위층보다는 상위층에 적용되는 경우가 많다.

2) 근거

① 세계화의 추세에서 이미 능력주의를 도입하고 있는 선진국 기업과의 경쟁
   에서 현재의 연공주의가 효율적이지 못하다는 인식이 확산되고 있다.
② 고도의 기술을 필요로 하거나 그 변화속도가 빠른 하이테크 기업에서는 숙
   련도를 연공으로 측정하는 방식은 오류가 많다는 실증이 있다.
③ 직무 수행 역량의 향상을 위해 노력한 만큼의 승진이 주어진다는 점에서 보
   다 합리적이라는 인식이 있다.

※ 주의할 점은 종래의 전통적 인사관리 방식은 무조건 틀린 것이고, 현대적 인적자원관리의 기조는 옳은 것이라는 일방적 논조의 답안은 회피하는 것이 바람직합니다. 이는 "One Best Way는 없다."라는 경영학의 기조에도 맞지 않을 뿐더러 실제 승진 관리에 있어서도 계층별, 직군별로 두 가지 형태의 판단 기준을 모두 균형감 있게 사용하고 있기 때문입니다.

평가센터의 의미와 활용 목적을 설명하고, 평가센터의 기법 중 3가지를 설명하시오.
[2018년 10점]

인사관리 프로그램 중 하나인 평가기법 중에서도 그렇게 어렵지 않은 평가센터입니다. 그저 외우기만 하면 되는 파트죠. 그런데 문제 곳곳에 함정이 도사리고 있습니다. 평범하기 짝이 없는 문제인데 뭔 소리냐구요?

여러분, '의미'가 무슨 뜻인지 아시나요?
그럼 논술 시험의 단골 주제인 '개념'과 구분은 하실 수 있나요?
또 다른 단골 주제인 '의의'와는 명확하게 비교하실 수 있나요?

이 차이를 명확하게 이해하지 못한다면 감점은 여기서부터 시작된다는 얘기입니다. 여기서 언급되는 '의미'는 '개념'보다는 '의의'에 가깝게 쓰인 단어이고, 따라서 단순히 개념만 적어서는 안 되며 그 중요성까지도 풀어서 기술해야 한다는 뜻입니다.

즉, 여기서 평가센터의 의미(개념+중요성)에 3점, 활용 목적에 3점, 기법 3가지에 각 1점씩 총 3점. 아마도 (+1)은 전체 답안의 형식과 구성이 얼마나 세련되었는지에 따라 보너스로 주어질 것으로 보입니다.

다시 말해 평가 센터의 기법 9가지를 전부 다 주절주절 쓴다고 가점이 주어지진 않는다는 뜻이기도 합니다.

논술시험은 내가 얼마나 많이 아는지를 과시하는 현출이 아니라, 출제자가 요구하는 답안에 얼마나 부응하는지가 중요합니다.

1. 평가센터법의 의미

1) 개념
평가센터법이란 종업원의 선발, 개발, 진단을 목적으로 하는 평가기법의 하나로, 승진대상이나 선발대상자들을 특정한 장소에 모아 놓고 문제해결이나 상황대처능력 등을 관찰하는 전문적 평가기법을 말한다.

2) 중요성
직무수행능력 및 적성과 관련한 행동을 주로 평가하므로 교육훈련이나 확보 관련 의사결정 및 승진 의사결정에 사용될 경우 타당성이 매우 높다.
실제로 오늘날 IBM, GE, GM, Shell 등의 선진 기업들에서 성공적으로 사용되고 있어 우리나라에서도 점차 도입이 늘어나고 있다.

한편으로는 해당 평가기법이 피평가자가 실제 접하게 되는 직무상황을 완벽하게 재현하지는 못한다는 한계와 함께, 평가 방법을 표준화하지 못한다는 문제점도 가지고 있어 이 기법을 준비하는 데 들어가는 비용과 시간 역시 무시할 수 없다는 숙제 역시 간과할 수 없다.

2. 평가센터법의 활용 목적 3가지 – 선발, 교육, 진단

1) 선발 목적의 평가센터법
외부에서 인재를 선발 및 채용하거나 내부에서 인력을 충원 또는 승진 후보를 검증하기 위해 개발된 프로그램이다.
최근에는 여기에 그치지 않고 이미 도출돼 있는 역량의 도달 여부를 평가하는 데도 활용하고 있다.

2) 교육 목적의 평가센터법
직원들의 역량과 지식, 스킬을 높여 줄 목적으로 개발된 프로그램이다. 해당 직원들이 수행해야 하는 직무와 직급에 필요한 역량과 지식과 스킬들을 추출하고 그것을 교육과정으로 개발해 짧게는 2일에서 길게는 4박 5일의 과정을 수행한다.

3) 진단 목적의 평가센터법
기업 조직이 그들의 직원들에게 기대하는 역량과 지식, 스킬의 수준을 미리 정해 놓고 우선 희망하는 직원들에게 응시의 기회를 제공하여 직원들의 현재 보유 수준을 진단하도록 개발된 프로그램이다. 진단 목적의 프로그램은 개인과 조직에 모두 이점을 제공한다는 특징이 있다.

> ① 개인 – 조직에서 원하는 수준과 자신의 현재 수준을 비교할 수 있는 기회 부여 및 향후 자신의 경력 개발에 필요한 단서를 포착
> ② 조직 – 어떤 직원이 어떤 역량과 지식, 스킬을 어느 정도 보유하고 있는지 미리 파악해 인적자원 배치의 효율화를 꾀할 수 있음

3. 평가센터의 기법 중 3가지 – 인바스켓 훈련, 역할 연기법, 대역법

* 암기법
: 인비사역행교대청코

1) 인바스켓 훈련
관리자의 의사결정 능력을 제고시키기 위해 개발된 기법이다. 훈련 실시자가 훈련 참가자에게 가상의 기업에 대한 정보를 제공한 후 이들에게 특정 경영 상황에서 문제 해결을 위한 의사결정을 하게 하는 것을 말한다.

2) 역할 연기법
역할 연기법은 관리자뿐 아니라 일반 종업원을 대상으로 인간관계에 대한 태도 개선 및 인간관계 기술을 제고시키기 위한 기법이다.
여기서 말하는 '역할'이란 기대되는 행동 패턴으로서 교육 참가자는 모종의 상황을 교육 실시자로부터 부여받고 가장 효과적이라고 판단되는 행동을 하게 된다.

3) 대역법
어떤 부서의 직속상사 밑에서 미래에 그 자리를 계승할 예정에 있는 자가 같이 일을 하면서 그 상사로부터 업무에 관한 자세한 내용을 교육받는 제도를 말한다.

단순히 개념을 묻는 것이 아니라 의미를 묻는 질문입니다.

OJT에 대한 문제인데 의미를 요구한다면 이론적 기반도 묻는 것으로 받아들이고 대니얼 펠드만의 조직사회화에 대해서도 반드시 인용이 들어가야 합니다. 장단점은 각각 최소 3개씩은 기술해 줍시다.

답안 작성

1. OJT의 의미

1) OJT의 개념
OJT란 직장 내 교육훈련 또는 사내 교육훈련이라고도 하는데, 업무 시간 중에 실제 업무를 수행하면서 동시에 실시하는 교육을 말한다.
교육의 주체는 직속상사나 선임자에 의하여 이루어지는 직무상의 훈련이며, 여기서 라인(Line)이 주가 되고 스태프(Staff)는 보조적 역할을 수행하게 된다.

2) OJT의 중요성과 유형
대니얼 펠드만이 제시한 '조직사회화'와 깊이 연관되어 있는 교육 형태가 이 OJT라고 볼 수 있다.
신입사원이 기업조직에 입사하여 직무를 배우고 역할을 명확히 습득하며, 각종 대인관계를 형성하는 단계가 '조우'인데, 이 단계에서의 적응과 수용이 보다 효과적으로 이루어질 수 있도록 적합화되어 있는 것이 바로 이 OJT이다.
OJT에는 도제식 훈련과 직무 오리엔테이션, 인턴십, 멘토링 등이 있다.

2. OJT의 장점과 단점

1) 장점

① 종업원이 실제로 수행하게 될 직무와 직접 관련성이 높은 교육을 받을 수 있다.

② 작업 현장에서 교육이 실시되므로 결과에 대한 즉각적인 피드백이 가능하다.

③ 상사 및 동료 간의 이해와 협조정신이 발휘될 수 있다.

2) 단점

① 우수한 상사가 곧 우수한 교육자인 것은 아니다.

② 직무의 수행과 교육의 동시 진행으로 인해 집중도가 저하될 수 있다.

③ 고도의 지식과 기능이 필요한 교육에는 상대적으로 부적합할 수 있다.

경력계획의 개념을 기술하고 경력계획과정을 7단계로 설명하시오. [2019년 10점]

기출 및 유사문제
- 경력개발(Career Development)의 의의, 절차 및 기법을 약술하라. [25점] (1989년 제1회 공인노무사시험)
- 조직구성원의 경력개발과정을 경력계획단계, 경력개발단계, 평가 및 피드백단계의 3단계로 구분해서 약술하시오. [10점] (2014년 경영지도사시험)

언뜻 쉬운 문제 같지만 대부분의 수험생이 보는 교재 어디에도 경력계획과정을 3단계나 4단계가 아닌, 7단계로 풀어서 설명하는 내용을 찾기가 힘들다는 것이 함정입니다.

이럴 경우에는 당황하지 말고 핵심 주제어별로 풀어서 쓰는 것이 중요합니다. 인사관리의 경우에는 대체로 Plan-Do-See의 3단계 핵심 주제어가 있으니 이럴 때 활용할 수 있겠죠.

풀이 들어가겠습니다.

답안 작성

I 경력계획의 개념

1. 의의

우선, 경력이란 한 개인이 일생에 걸쳐 일과 관련하여 얻게 되는 각종 경험을 의미한다. 경력계획이란 개인과 조직으로부터 경력욕구를 파악하여 구체적인 경력경로를 구상하는 과정을 말한다.

2. 중요성(출제자의 "내가 이 문제를 왜 냈을 것 같아?"에 대한 대답)

오늘날 경력관리 및 경력계획은 조직 내외부의 환경 변화로 인해 그 필요성이 더욱 증가하고 있다.

1) 세계화로 촉발된 무한 경쟁 시대 돌입
2) 사회 구성원의 가치관이 집단주의→개인주의로 변화
3) 팀 조직의 보편화로 대표되는 분권화 추세

상기의 환경 변화로 인해 분업과 반복 업무만을 강조하던 종래의 직무환경에서 점차 구성원 개개인의 능력 개발 지향적인 풍토로 조직 분위기가 전환되고 있기 때문에 경력계획의 중요성이 부각되고 있다.

Ⅱ 7단계 경력계획 과정

경력계획을 세분화하면 우선 크게는 계획(Plan), 실행(Do), 통제(See)의 3단계로 나눌 수 있다. 우선 계획 단계에서는 개인의 경력 욕구와 조직의 경력 기회를 파악하고, 이후 상담 및 조정과 통합을 거쳐 진로를 결정하는 3단계를 구축할 수 있다.

1. 개인과 조직의 경력 욕구와 기회 파악

개인의 경력 욕구는 개인의 가치관, 능력, 흥미, 성격 등의 주관적 해석 결과들의 연계를 통해 나타난 지향성을 의미한다. 조직의 경력개발에 대한 목적은 미래에 요구되는 인력을 효율적으로 확보하고 종업원의 동기부여와 능력 신장을 통해 조직 경쟁력을 제고시키는 데 그 궁극적인 목적이 있다.

2. 상담(통합)

통합의 과정을 통해 전술한 개인의 경력 욕구와 조직의 경력 욕구를 부합하는 과정을 전개한다. 이 과정에서 서로의 이해가 맞아떨어질 수도 있지만 서로 상충할 수도 있다.

이러한 갈등을 최소화하기 위해 조직은 기업의 목표 성과를 정확히 파악하고 그 성과의 달성을 위해 필요한 조직 역량을 필요기술과 필요지식으로 나누어 탐색할 필요가 있다.

이를 통해 각 계층과 부문별로 필요한 직무와 역할이 무엇인지 파악함과 동시에 조직이 가지고 있는 인적자원의 역량 역시 정확히 파악하는 과정이 필요하다.

3. 진로결정(경력경로 설계)

상기한 통합의 과정을 거쳐 비로소 진로를 결정할 수 있다. 일반적 경력경로에는 크게 관리직(선형경력) 경력경로와 전문직(전문경력) 경력경로가 있다. 이외에도 전문직과 관리직을 종합적으로 육성하는 이중 경력경로도 많이 활용되고 있는 방식이다.

4. 직무 경험

대니얼 펠드만의 조직사회화 2단계인 '조우'가 여기에 해당한다. 조우란 신입사원이 입사하여 직무를 배우고, 역할을 명확히 습득하며, 각종 대인관계를 형성하는 단계를 말한다.

종업원은 실제 직무에 투입되어 해당 환경과 직무에 대한 직접적인 경험을 가짐으로써 비로소 경력의 출발점에 들어서게 된다.

5. 교육 훈련

종업원의 직무 현장 투입에 이어지는 것이 바로 교육 훈련(개발)이다. 조직은 개인의 GNS(Growth needs strength: 성장욕구강도)를 파악할 필요가 있는데 이는 종업원 개개인의 GNS가 서로 다르며 이 크기가 클수록 직무충실화 정도가 높은 직무에 만족도를 느끼며 학습 효과도 더욱 크게 나타나기 때문이다.

6. 승진 및 전환 배치

종업원의 직무 투입 이후의 성과와 잠재적 역량 등을 고려하여 승진 또는 전환 배치를 실시한다.

배치의 실행에 있어서는 다음의 세 가지 원칙이 있다.

1) 적재적소적시주의
2) 인재육성주의
3) 균형주의

또한, 업무 배치에 있어서도 상기한 GNS와 MPS를 사용하여 보다 효율적 배치를 계획할 수 있다.

* 암기법: 적인균

	MPS 높은 직무	MPS 낮은 직무
GNS 높은 직원	적정 배치	부적정 배치
GNS 낮은 직원	부적정 배치	적정 배치

7. 평가(피드백)

전술한 일체의 과정과 활동에 대한 평가를 통해 경력계획과 관리가 합리적으로 전개되었는지를 돌아보는 과정이다.

경력관리는 다음과 같은 내용들을 중심으로 평가할 수 있다.

1) 경력성과의 검토

2) 경력 태도의 검토

3) 조직 내 협동 시스템 구축 기여도

4) 미래 인력 확보 및 배치의 유연성에 대한 기여도

인사평가를 정의하고, 강제할당법의 개념과 한계점 3가지를 설명하시오. [2019년 10점]

기출 및 유사문제

■ 인사고과의 의의, 목적, 인사고과상 나타나는 뜻, 합리적인 인사고과 관리방안에 대하여 설명하시오. [40점] (2002년 경영지도사시험)

정의는 '바른 의의'를 뜻합니다. 의의를 써 주면 되겠죠.
단순 개념 기술이 아니고 개념+중요성 or 취지 정도로 기술해 주는 것이 좋습니다.

이 문제를 쓰는 데 수험생에게 주어진 시간 8~9분 동안 출제자의 의도를 온전히 파악하기란 쉽지 않습니다만, 인사평가의 '바른 의의'에 대해 묻고 나서 그 이후 강제할당법에 대해선 간단히 개념만 요구하더니 장단점도 아니고 한계점만을 묻습니다.

여기서 유추할 수 있는 출제자의 의도는 '인사평가의 원취지에 부합되지 않는 강제할당법의 한계점'이라는 개연성이라고 보입니다.

이 방향성을 파악하고 답안을 작성하는 것이 중요할 듯합니다.

점과 점을 이어서 하나의 선을 그리듯 방향성을 만들려면 인사평가의 의의에서 '개념+중요성'보다는 '개념+취지'로 기술해 방향을 그려 주는 것이 좀 더 명확할 것입니다.

그리고 출제자가 묻지도 않은 강제할당법의 장점까지 열거한다고 가점을 받을 가능성은 희박하다는 것도 체크 포인트.

답안 작성

1. 인사평가의 정의

1) 의의
인사평가란 종업원 개인의 능력, 태도, 행동 및 업적을 평가하여 그가 보유하고 있는 현재 또는 잠재적 유용성을 체계적으로 파악하는 과정과 활동을 말한다.

2) 취지

현대 인적자원관리하에서의 인사평가는 단순히 직무 자체의 가치를 판단하는 직무평가와는 달리 '자원'으로서의 사람의 가치를 그가 수행하는 직무와 비교하여 판단하는 것에 초점을 두고 있다. 이는 단순히 인사평가에만 그치는 것이 아니라 기업이 가진 '자원'으로서 인적자원을 개발하기 위한 토대로 활용된다.

2. 강제할당법의 개념과 한계

1) 개념

강제할당법이란 정해진 특정 분포에 따라 서열을 정하는 방법으로, 최고성과와 최저성과 사이를 몇 개의 구간으로 나눈 뒤, 구간별 정규분포곡선의 면적 비율에 따라 종업원을 할당하는 방식을 말한다.

2) 한계점

앞서 기술한 대로 인적자원관리 일환으로의 인사평가는 한 사람의 종업원이 가지는 현재적 가치뿐만 아니라 잠재적 가치까지 체계적으로 판단하여 평가뿐 아니라 개발을 위해서도 활용하기 위한 일련의 과정인데 강제할당법은 이러한 인사평가의 원취지에 부합되지 않는 몇 가지 한계를 가지고 있다.

① 피평가자의 성과를 할당하는 기준 자체가 피평가자 집단의 평균에 따라 달라지므로 평가의 결정 기준과 성과 판단의 기준이 모호해진다.
② 피평가자가 열심히 노력을 하더라도 주변 사람의 성과가 더 높을 경우 평가점수가 떨어지게 된다. 이로 인해 평가피드백의 구체성 측면에서 문제가 야기될 수 있다.
③ 이렇게 구체성이 떨어지는 평가 피드백으로 인해 평가관리를 해당 종업원에 대한 능력 개발의 용도로 활용할 수 없게 된다.

성과관리의 주요 과정을 기술하고, 이와 관련하여 바람직한 목표의 기준으로서 영문의 앞 글자인 SMART 성과목표 및 균형성과지표(BSC: Balanced Score Card)에 기초한 핵심성과지표(KPI: Key Performance Indicator)에 대하여 설명하시오. [2020년 30점]

기출 및 유사문제
- BSC평가기법에 대해 설명하시오. [10점] (2011년 경영지도사시험)
- 인사평가기법 중 하나인 MBO의 개념과 절차, 장단점 및 성공요건에 대해 논하시오. [30점] (2012년 경영지도사시험)
- 팀 단위 성과평가(Performance Appraisal)의 필요성, 요소, 단계를 약술하라. [25점] (2011년 제20회 공인노무사시험)

SMART 기법 외에도 균형성과관리지표 BSC에 대해서까지 전방위적인 질문의 릴레이입니다.

어느 교재로 공부하셨든 충실히 공부하셨다면 답안 작성 자체는 큰 문제가 없을 것으로 보이는 문제입니다.

다만, 문제를 분할해서 각각의 요구사항을 해석하고 배점을 추정하는 데 저마다의 차이가 많이 나타날 것으로 보이는 문제이기도 합니다.

제가 해석한 문제의 분할은 ① 성과관리의 주요 과정 기술, ② SMART 성과목표 및 ③ BSC의 핵심성과지표(KPI), 즉 재무, 고객, 내부 프로세스, 학습과 성장을 기술하는 것이었습니다. 이제 풀이해 보겠습니다.

답안 작성

Ⅰ 성과관리의 주요 과정

1. 성과관리의 의의와 중요성

1) 성과관리의 의의
성과란 개인 및 팀이 조직의 목표 달성에 공헌한 정도를 말한다. 성과관리란 기업조직의 목표를 달성하고자 각각의 직무와 과업을 수행하는 각 하부 집단과 개인의 성과를 평가하고 관리하는 일체의 과정과 활동을 말한다.

2) 성과관리의 중요성

Peter Drucker는 일찍이 "If you can not measure it, you can not manage it."이라는 말로 성과관리의 중요성을 역설한 바 있다.

이처럼 기업조직의 목표를 달성하기 위한 전체의 과정과 활동 중 근간과 뼈대가 되는 것이 바로 이 성과의 측정과 관리라고 할 수 있다.

2. 성과관리의 주요 과정

1) 성과적 개발고과

종래의 전통적 고과기법은 상벌을 위한 감독형 고과였던 데 반해, 현대적 고과 기법인 성과관리는 전략적 목적(조직효과성 증대), 관리적 목적(효율과 통제) 그리고 개발적 목적(능력개발과 동기부여)이라는 세 마리 토끼를 모두 잡으려는 취지를 가지고 있다.

이러한 이유로 과거에 무엇을 하였는지보다는 앞으로 무엇을 할 수 있는지에 중점을 두며 평가결과를 되도록 공개하는 특징을 지닌다.

2) 직무분석과의 연계

과거지향적인 전통적 인사고과와는 달리 현대적 고과기법인 성과관리는 직무수행과 관련이 있는 자격요건이나 특성에 대한 평가에 중점을 둔다. 이를 위해서는 체계적인 직무분석이 전제되어야 한다.

3) 역량평가의 강화

종래의 평가관리는 단기간의 업적에 치중되는 기업문화를 반영해 역량보다는 주로 성과 평가에 집중하였다. 그러나 보다 거시적이고 전략적인 목표 달성을 위해서는 기업이 보유한 인적자원의 역량에 대한 질적 평가가 매우 중요해졌다.

4) 공개형 고과

상벌에 중점을 둔 종래의 인사고과와는 달리 현대적 성과관리 시스템하에서는 인적자원의 개발 지향적 측면이 고려되기 때문에 공개형 고과를 하는 것이 확산되고 있다.

Ⅱ SMART 성과 목표

1. 의의

SMART는 Locke의 목표설정이론과 Peter Drucker의 MBO 기법에서 전제하는 성과목표의 원칙을 말한다.

2. 내용

- Specific: 목표는 구체적이어야 한다.
- Measurable: 목표는 측정 가능해야 한다.
- Achievable: 목표는 달성 가능해야 한다.
- Result-Oriented: 목표는 결과 지향적이어야 한다.
- Time bound: 목표는 시간 제약이 있어야 한다.

3. 기대효과

- 개인과 팀이 평가 기간 동안 해야 할 일이 분명해진다.
- 과정 관리를 통한 성과의 향상을 기대할 수 있게 된다.
- 관리자와 개인의 노력을 목표의 달성에 집중할 수 있게 된다.

Ⅲ BSC에 기초한 핵심성과지표

1. 의의

BSC란 하버드대학 교수인 Kaplan과 컨설턴트인 Norton에 의해 개발된 성과관리 방식을 말한다.
기업의 전략으로부터 재무, 고객, 내부 프로세스, 학습과 성장이라는 4가지 성과지표를 도출하여 기존의 재무적 성과 측정에만 집중되어 있던 기업의 성과관리 방식을 개선하여 재무적 측면 외에도 비재무적 측면을 균형 있게 측정하고 평가하여 관리하는 일련의 과정과 활동을 말한다.

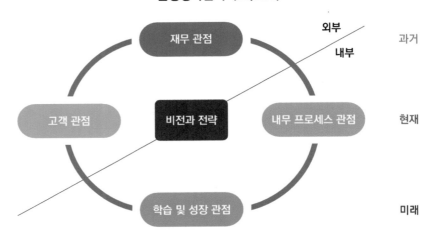

균형성과관리지표(BSC)

재무 관점

외부

내부

과거

고객 관점

비전과 전략

내무 프로세스 관점

현재

학습 및 성장 관점

미래

그림은 반드시 그리는 것이 유리합니다. 그림 하나로 BSC의 개념을 제대로 이해하는지 빠르게 판별되기 때문입니다.

답안지를 채점하는 데 있어서 채점자에게 주어진 시간은 그리 많지 않으므로 수험생의 학습 수준을 빠르게 인지시키는 효과적인 방법입니다.

* 암기법: 재고내학

2. 균형성과관리지표(BSC)의 4가지 KPI

1) 재무 관점

재무적 측정지표는 특히 영리조직인 기업에 있어서 중요한 요소이다. 재무 관점에서의 성과 지표들은 다른 관점과 관련된 성과지표들을 이용해 실행한 전략이 옳은 방향으로 전개되었는지를 판별하는 바로미터 역할을 한다.

비재무적 성과지표에 시간과 에너지를 투입한 것에 비해 그것이 조직의 재무적 성과에 아무런 영향을 미치지 못했다면, 기업은 비용의 손실을 입은 것으로 볼 수 있다.

대표적인 재무적 측정지표로는 자기자본이익률, 수익성 등을 들 수 있다.

2) 고객 관점

고객 관점은 시장과 목표 고객의 관점에서 기업의 경영성과를 평가하는 것이다. 운영의 우수성, 제품의 선도력, 고객 친밀성의 세 가지 요소로 평가할 수 있다. 대표적인 성과지표는 시장 점유율, 고객 수, 고객 만족도 등이 있다.

3) 내부 프로세스 관점

고객과 주주들의 기대를 충족시키고 지속적인 가치를 제공하기 위해 무엇이 필요한지를 살피는 지표이다.

경영 시스템, 제품 개발, 생산, 품질, 적송 등의 성과지표를 들 수 있다.

4) 학습 및 성장 관점

BSC의 나머지 세 가지 관점을 가능하게 만드는 요소이다. 즉, BSC의 궁극적인 초석이 되는 지표이다.

직원의 숙련도와 역량 정도에 따라 조직이 현재 갖춘 인프라와 목표 달성에 요구되는 수준과의 차이를 가늠할 수 있으며, 이러한 차이를 줄여서 미래의 지속적인 성과달성을 도모할 수 있는 반석이 된다.

직원 숙련도, 직원 만족, 연구 개발(R&D)등의 성과 지표를 들 수 있다.

3. 기대효과

- BSC는 조직의 비전과 전략 수립의 기본 방향을 제시함과 동시에 전략 실행에 대한 모니터링 기능도 수행할 수 있다.
- 기업 내에서 추진되는 여러 사업의 상대적 중요성을 고려하여 전사적, 거시적 관점에서 이들을 조망할 수 있도록 돕는다. 이를 통해 사업 포트폴리오의 최적화를 도모할 수 있게 된다.
- BSC는 전략 수립에서부터 세부 실행에 이르기까지 조직의 전반적인 활동을 모두 다루므로 업무의 중복을 방지하고 일관성 있게 추진하여 조직 운영체계의 효율화를 가능하게 한다.
- BSC 평가의 요체는 각 사업부에 성과에 대한 책임을 지게 하는 것이다. 또한 균형적 평가를 통해 미래 지향적이고 재무, 비재무적 측면의 성과평가를 고루 실행할 수 있게 된다.

2020년에 10점 배점으로 나온 문제답게 평이합니다. 요구사항만 잘 맞춰서 써도 7점 이상은 나올 수 있지만, 조직행동론에서 나올 불의타에서 깎아 먹을 점수와 짜디짠 노사관계론에서 갉아먹을 점수를 만회하려면 인사에서 최대한 점수를 벌어야 합니다.

인사관리에서 혹여 평이한 문제가 나왔더라도 6~7점에 만족하지 말고, 최대한 차별화해서 1~2점이라도 더 확보를 하는 것이 중요합니다.

'많은 교육 기법 중 출제자는 왜 하필 행동모델링을 출제했을까?'라는 의문으로 문제를 먼저 바라봅니다.

그렇다면 다음 수순은 행동모델링이 중요하다고 판단되는 이유를 머릿속에서 정리해 보는 작업이 진행되어야겠죠.

이 부분을 서두의 개념 파트에 「중요성」이라는 소제목으로 첨부한다면 1점이라도 가점을 얻는 데 유리하겠죠.

또한, 인사관리 시스템은 결국 조직행동론을 위시한 경영학 이론의 방대한 지식을 집대성하고 검증하여 쌓은 결과물(Output)이므로, 과목의 경계를 넘어 해당 교육 기법의 뿌리라고 할 수 있는 이론적 토대에 대해서도 짚고 넘어가는 것 역시 채점자로 하여금 수험생의 공부 수준을 가늠케 하는 바로미터가 될 것입니다.

이제, 문제 풀이 들어가겠습니다.

1. 행동모델링의 의의

1) 교육훈련의 의의
교육훈련이란 구성원들이 직무를 수행하는 데 필요한 지식과 기술, 그리고 능력을 배양시켜 조직의 목적을 달성하도록 돕는 프로세스를 말한다.

2) 행동모델링의 개념
행동모델링이란 반두라의 사회학습이론을 바탕으로 한 교육훈련 기법이다. 관리자 및 일반 구성원에게 어떤 상황에 대한 가장 이상적인 행동을 제시하고 교육 참가자가 이 행동을 이해하고 그대로 모방하게 하는 방법을 말한다.

3) 행동모델링의 중요성
단순한 직무 성과의 결과적 향상을 노리는 단기적 처방으로서의 교육 기법이 아니라, 특정한 행동의 이유나 과정 자체에 대한 이해를 유도함으로써 이를 토대로 구성원의 바람직한 행동으로 유도하는 과정이므로 보다 거시적이고 조직 문화 전반에 걸친 개선을 지향한다는 점에서 중요한 가치를 가진 교육 기법이라할 수 있다.

2. 행동모델링의 특징

앞서 기술했듯, 행동모델링은 반두라의 사회학습이론을 바탕으로 한 교육훈련 기법이다. 사회학습이론에 따르면 인간의 행동은 성격과 같은 내적 요인이나 환경 요인뿐 아니라 이들의 연속적 상호작용에 따른 결과물이라고 제시한다. 따라서 행동모델링이 성공적인 교육 훈련 결과를 얻기 위해선 이상적 모델뿐 아니라 피교육생의 자기 효능감이 전제되어야 한다는 특징을 가지고 있다.

1) 장점
① 기업에서의 인간관계와 관련되는 구체적 상황에 대한 이상적 행동을 제시한다.
② 실무에서의 시행착오를 감소시키는 데 도움이 된다.

2) 단점
① 기법의 개발에 비용이 많이 든다.
② 이러한 방식으로 학습이 가능한 행동의 수가 실제 기업 현장에서는 그리 많지 않은 편이다.

기출 및 유사문제

■ 성과평가의 기준인 전략적 복합도, 타당성, 신뢰성, 수용성의 의미와 실행방안에 대해 논하시오. [30점] (2011년 경영지도사시험)

문제 자체가 다소 모호할 정도로 포괄적이라서 해당 챕터에 대한 공부가 깊이 있게 되어 있지 않다면 이게 절대평가, 상대평가를 말하는 건지 아니면 그 외의 다른 표준을 말하는 건지 착오를 일으킬 수 있습니다.

이런 경우 문제에서 별다른 부연 설명이 없으므로 우리가 교재에서 익히 보고 공부한 대로 인사평가의 검증기준을 말하는 것이라 간주하는 것이 합리적 판단일 것입니다.

인사평가의 검증기준에는 총 7가지가 있죠.
전략적 부합도, 타당성, 신뢰성, 수용성, 실용성, 구체성, 민감도가 그것입니다.
책마다 표현의 차이가 있기는 하지만 같은 의미를 가진 용어들이므로 자신감을 가지고 공부한 대로 풀어 나가는 것이 중요합니다.

답안 작성

I 인사평가시스템의 의의

* 암기법: 전타신수실구민

1. 인사평가시스템의 개념

인사평가란 조직의 목표 달성을 위해 구성원의 현재적, 잠재적 유용성을 평가하는 체계적인 과정과 활동을 말한다.
인사평가시스템이란 이러한 과정에 시스템이라는 체계를 덧입힌 것인데, 여기서 시스템이란 버틀란피(Bertelanffy)에 의해 제시된 개념으로 '전체는 부분의 합'이며 각 부분은 공동의 목표를 위해 상호작용을 하는 구조를 일컫는다.
즉, 인사평가시스템이란 구성원의 현재적, 잠재적 유용성을 평가하는 체계적이면서도 전체적인 '틀'을 의미하는 것이다.

2. 인사평가시스템 기준 설정의 중요성

Peter Drucker는 "if you can not measure it, you can not manage it." 이라는 역설로 정확하고 체계적인 인사평가 없이는 조직 경영 역시 제대로 수행될 수 없다는 점을 강조했다. 또한, 오늘날 많은 중소기업의 경영과 관리에 있어서 난제 중 하나인 '사내정치(조직정치)'의 이면에는 공정하고 체계적인 인사평가시스템이 전무한 중소기업의 열악한 경영 환경이 큰 원인으로 지목되고 있기도 하다.

이처럼 기업조직 경영에 있어 중요한 가치를 지닌 인사평가시스템의 효과성을 제고하기 위하여 산학에 걸쳐 수많은 연구와 검증이 이루어졌으며, 그 결과 아래에 기술할 7가지의 기준이 설정되었다.

Ⅱ 효과적인 인사평가시스템의 기준

인사평가시스템이 선발과 보상, 개발 및 인적자원의 배치와 유지, 방출 등 인적자원관리 전반에 걸친 목적을 효과적으로 수행하기 위해 7가지의 기준이 제시되었다.

1. 전략적 부합도

1) 개념
전략적 부합도란 평가시스템이 조직의 전략과 목표, 조직문화에 수렴하는 정도를 말한다.

2) 제고를 위한 방법
이를테면, ODM 시장을 확대하려는 목적을 가진 제조업체에서 영업사원을 채용한다면 지원자에게서 봐야 할 중요한 평가요건은 그가 가진 해당 시장에서의 휴민트와 휴먼 네트워크 및 프레젠테이션 능력일 것이다.

2. 타당성

1) 개념
타당성이란 직무성과와 관련성이 있는 내용을 측정하는 정도를 말한다.
다시 말해 평가를 통해 측정된 결과가 실제 직무성과와 얼마나 관련성이 높은가를 나타내는 것이다.

2) 제고를 위한 방법

타당성은 다시 준거타당도와 기술타당도로 분류되고 준거타당도는 동시타당도와 예측타당도, 기술타당도는 구성타당도와 내용타당도로 나뉘어 측정할 수 있다.

3. 신뢰도

1) 개념

신뢰성이란 측정하고자 하는 내용이 얼마나 정확하게 측정되었는지에 관한 내용이다.

동일한 평가대상에 대해 측정시점마다, 평가자마다 각기 다른 평가결과가 도출된다면 인사평가의 신뢰성은 낮아질 것이다.

2) 제고를 위한 방법

이러한 신뢰도를 제고하기 위한 측정 방법은 Test-Retest, 대체 형식, 평가자 간 신뢰도 검증, 내적 일관성 검증 등의 방법들이 있다.

4. 수용도

1) 개념

수용도는 해당 인사평가시스템의 방식과 과정, 그리고 궁극적으로 그 평가 결과에 대해 구성원들이 합당하다고 받아들이고 평가의 공정성과 활용 목적에 대해 전적으로 신뢰하는 정도를 말한다.

2) 제고를 위한 방법

평가시스템의 목적과 필요성을 구성원들에게 투명하게 알릴 필요가 있으며, 평가요소 산정이나 평가방식 구축 과정에서 구성원들을 참여하게 하는 것도 효과적인 수용도 제고 방안 중 하나이다.

5. 실용도

1) 개념

평가시스템의 도입과 운용에 따른 비용과 이를 통해 얻는 효익을 저울질하여 그 효익이 더 큰지를 따지는 것을 말한다.

2) 제고를 위한 방법

평가 절차나 기법을 쉽게 만들어서 누구나 이해하고 평가할 수 있도록 하며 평가 소요 시간도 적절해야만 실용성을 증대시킬 수 있다.

6. 구체성

1) 개념

구체성이란 피평가자나 평가 측정이 기대하는 행동이나 업적 그리고 그 기대를 충족시키기 위해 구체적으로 어떻게 해야 할지를 알려 주는 정도를 말한다.

2) 제고를 위한 방법

BARS나 BOS 등 행동 양식 측정에 중점을 둔 평가방식은 인사평가로 그치지 않고 피평가자에게 행동지침을 제공하므로 구체성이 높다고 볼 수 있다.

7. 민감도

1) 개념

민감도란 평가도구가 해당 평가내용에 대해 높은 성과를 내는 사람과 낮은 성과를 내는 사람들 간 측정치 차이를 충분히 차별적으로 민감하게 측정할 수 있는 정도를 말한다.

2) 제고를 위한 방법

특정 과업의 업적 평가에 있어 평가 잣대가 너무 높거나 낮지 않도록, 즉 균형적인 평가 기준을 설정하는 것이 중요하다.

이렇게 함으로써 평가 결과의 최소치와 최대치에 따른 인원이 고루 분포될 수 있으며 이 경우 평가기준의 민감도와 변별력이 충분히 확보될 수 있다.

세 가지를 요구하고 있습니다.

개념과 장단점, 효과적인 관리방안. 그런데 마지막에 "논하시오."라는 명령어입니다. 수험자의 공부 지식을 전개, 서술하는 수준으로 멈추지 말고 평소 해당 주제에 대해 어느 정도까지 사유하고 있는지를 묻는 문제입니다.

특히나, 다면평가는 교육계를 비롯한 공적 조직에서 효용도 측면에서 꽤 비판받아 온 인사평가 방식이기도 합니다. 그러니 효과적인 관리방안에 무게중심을 가지는 것이 바람직해 보입니다.

그래서 첫 번째 요구어가 '정의'나 '의의' 정도로, 좀 더 깊이 있는 질문이 아니라 그저 '개념' 정리만 해도 넘어가 준다는 시그널로 보입니다.

답안 작성

I 다면평가의 의의

1. 다면평가의 개념

다면평가란 상사를 포함한 본인과 동료, 하급자와 외부 이해관계자(고객 또는 공급자 등)에 의해서 이루어지는 평가 및 피드백을 말한다.
주로 상사에 의해 이루어지던 과거 인사고과 관행의 한계를 극복하기 위해 등장했으며, 피평가자에 대한 정보를 조금이라도 갖고 있는 모든 주체가 평가에 참여하는 인사고과 방식이다.

2. 다면평가의 취지

다면평가는 임금이나 선발 및 승진에 활용되는 평가제도라기보다는 피고과자에게 피드백을 제공함으로써 인적자원의 개발을 꾀하려는 목적에서 등장한 제도이다. 다면평가의 한계도 바로 이 지점에서 시작한다고 볼 수 있는데, 그 한계점은 후술하기로 한다.

Ⅱ 다면평가의 장점과 단점

1. 다면평가의 특징

피평가자의 직급과 조직체계 및 직무특성, 피평가자와의 인간관계 등 여러 상황요인에 따라 평가자의 구성을 달리하여 운영하는 특징을 가지고 있다. 평가자의 수가 많을수록 평가의 공정성과 객관성을 제고할 수 있지만 그에 따르는 시간과 비용도 비례하기 때문이다.

앞서 기술했듯 선발이나 보상, 인적자원의 배치 등에 활용하려는 목적보다는 피평가자의 역량 개발이 주된 목적이다 보니 평가 결과는 평가항목 내지는 평가요소별로 피평가자가 차지하는 위치를 전체 평가대상들의 평균과 비교한 자료를 통해 최대한 구체적으로 피드백할 필요가 있다.

2. 다면평가의 장점
1) 제대로 운용된다는 전제하에, 복수의 평가자로 인한 평가의 신뢰성이 제고된다.
2) 부하 직원들의 참여를 통한 구성원 평가능력의 향상을 기대할 수 있다.
3) 구체적 평가결과의 피드백을 통한 조직 내 소통 활성화 등에 기여할 수 있다.

3. 다면평가의 단점
1) 평가자의 인적 구성을 어떻게 구성하느냐에 따라 평가 결과가 크게 변할 수 있다.
2) 인기투표로 전락할 가능성이 있다.
3) 평가 기밀이 유출될 경우, 조직 분위기가 저해되며 이는 곧 피평가자의 수용성 저하로 이어질 수 있다.

Ⅲ 효과적인 관리방안

다면평가는 인사평가 방식의 하나로 분류되긴 하지만, 선발이나 보상, 배치 등에 활용하기보다는 추후의 피평가자에 대한 역량 개발이 가장 큰 목적이었다.

그러나 피평가자를 비롯해 평가의 주체인 구성원 전체가 해당 평가방식을 인사평가의 한 방식으로 인식하고 있다는 점, 그럼에도 해당 평가가 피평가자에 대해 이미 정해진 인사평가를 뒤집지 못한다는 사실을 충분히 인식하고 있는 상황에서 다면평가 방식을 그렇게 신뢰하지 못한다는 현실적인 한계에 봉착한 것도 사실이다.

따라서 다면평가를 효과적으로 운용하기 위해서는 세 당사자, 즉 평가의 주체와 대상 및 조직의 책임이 크게 강조되고 있다.

1. 평가자의 책임

평가자는 성실하게 평가하여 결과를 피평가자에게 피드백할 수 있도록 최선을 다해야 한다.
평가의 정확도를 높이기 위해 평가자는 익명성이 보장되는 한도 안에서 미리 평가에 대한 교육훈련을 받을 필요가 있다.

2. 피평가자의 책임

평가 결과에 따른 피드백을 전달받는 방법은 2가지로 나뉘게 되는데 피평가자의 책임은 이 2가지 경우에 따라 약간 다르게 요구된다.

1) 평가 내용이 익명성을 지닌 채 피평가자에게 직접 전달되며 평가 내용을 상급자나 평가 담당부서가 모르는 경우

→ 많은 공적 조직에서 실패하고 있는 방식인데도 쉽게 고쳐지지 않는 문제점이 있다.

해당 문제에 대해서는 피평가자 스스로 문제 행동의 변화 및 개선을 위해 노력하는 태도와 성실성이 요구된다.

2) 제3자(주로 상급자나 평가 담당부서)**에 의해 평가 결과를 정리하여 통보하는 방식**

→ 피드백이 부정적인 경우 피평가자는 충격, 분노 등의 감정을 표출할 수 있고 반발할 수 있다.

피평가자는 다면평가 방식의 목적을 상기해 볼 필요가 있으며 이러한 방식이 반드시 피평가자에게 불리하다고 볼 수는 없다는 것을 인지할 필요가 있다.

3. 조직의 책임

다면평가를 실시하는 목적이 구성원의 개발 목적인지, 아니면 구체적 인사 의사결정(선발, 배치전환, 보상, 다운사이징)을 위한 목적인지를 분명히 해야 한다. 다면평가를 도입한 조직이나 기구의 구성원들이 해당 평가 제도에 대해 비판하는 이유 중 많은 부분이 바로 이 모호성을 극복하지 못했기 때문이다.

이러한 정서가 일반화될 경우, 해당 조직 내에서 더 이상 다면평가는 유의미한 평가도구로 사용되기 어려워질 것이다.

경력 닻(Career Anchor)의 개념을 기술하고, 8가지 유형에 관하여 설명하시오. [2022년 10점]

기출 및 유사문제
- 경력개발이론 중 Schein의 '경력의 닻'에 대하여 설명하시오. [10점] (2007년 경영지도사시험)
- 경력 닻 모형(Career Anchor)의 의의와 기능, 전문가유형, 관리유형, 안전성유형, 조직성유형, 자율성유형의 특징에 대해 논술하시오. [30점] (2011년 경영지도사시험)
- 오늘날 경력개발관리의 의미, 개인의 경력요구로서 '경력 닻', 그리고 경력개발관리 기법으로서의 직무순환의 장단점을 설명하시오. [25점] (2014년 제23회 공인노무사시험)

2007년(10점), 2011년(30점)에 이어 이번 2022년(10점)에 오래간만에 재등장한 샤인의 경력 닻입니다.

대부분의 수험생에게 있어 개념 설명도 어렵지 않고, 8가지 유형 역시 두문자 암기법으로 어렵지 않게 외우셨을 거예요.

최근 3년간의 채점 추세를 보면 30점에서 최고점은 거의 28점 정도인 듯한데, 10점 문제의 최고점은 10점까지도 주는 것 같습니다.

다시 말해 이 문제는 변별력만 잘 키워서 쓰면 최대 10점까지 꽉꽉 채워서 다 받을 수 있다는 얘기가 됩니다.

단순히 개념과 8가지 경력 닻을 열거하는 수준은 시험장에 들어선 모두가 비슷한 수준으로 쓴다는 가정하에, 여기에 무엇을 더 얹어서 차별화를 꾀할 것인가 고민해 볼 지점입니다.

문제풀이 들어가겠습니다.

답안 작성

1. 샤인의 경력 닻 개념

1) 경력의 의의
먼저 경력이란 한 개인이 일생에 걸쳐 일과 관련하여 얻게 되는 경험을 말한다.

여기서 일과 관련된 경험은 광범위하게 적용되는 의미로서 직위, 직무와 관련된 의무나 활동, 일과 관련된 결정과 같은 객관적인 사건이나 상황을 포함하며, 일에 대한 열망과 기대, 가치와 같이 일과 관련된 사건의 주관적인 해석까지도 포함하는 개념이다.

샤인의 경력 닻은 특히 이러한 주관적 해석, 즉 흥미나 가치, 성격과 능력 같은 측면이 경력으로 이어지는 연관성을 잘 보여 준다.

2) 경력 닻의 의의와 중요성

샤인은 MIT 경영대학원생들을 대상으로 경력 변동사항을 추적한 연구를 통해 유년기로부터의 삶의 태도에서부터 시작되는 개인의 인생 지향점으로서의 경력 욕구를 '경력 닻(Career Anchor)'이라 표현하였다.

여기서 강조되는 것은 바로 '지향점'이다.

마치 배가 항구에 정박할 때 닻을 내리듯 개인의 인생에 있어서도 일종의 지향점을 가진다는 의미가 내포된다.
이 지향점을 완성하는 요소는 앞서 기술한 일과 관련된 주관적 해석들, 즉 흥미와 가치, 성격과 능력 간의 관계이다.

흥미의 내면에는 가치가 기반하고 있으며 능력과도 관련이 깊다.
개인은 자신이 잘하는 활동을 더 즐기게 될 것이다.
성격에 맞는 활동은 훈련과 연습을 통해 더욱 숙달될 것이다.

이렇게 가치, 흥미, 성격, 능력은 모두 서로 연결되어 있다. 샤인의 경력 닻 개념은 바로 이러한 사고를 가장 잘 나타내고 있다.

2. 경력 닻의 8가지 유형

*암기법: 관전안창자봉도라

이하 표에서는 샤인이 정리한 5개의 경력 닻에 드롱의 후속 연구 내용을 추가한 8개의 경력 욕구 유형을 기술하기로 한다.

경력 닻	개인적 특성	적합 직무	대표 직종
관리적 능력	· 복잡한 경영 문제를 분석, 해결하기를 선호함 · 영향력과 권력의 행사를 즐김	· 공정 관리 · 판매 관리 · 대기업, 유명회사 근무	· 관리직

전문 능력	· 일 자체에 흥미 · 승진 거절 · 일반적 관리와 조직정치를 혐오	· 기능 부서 · 전문적 자문 · 프로젝트 관리	· 연구직
안전성	· 직무안전성과 장기적 경력에 의해 동기부여 · 지리적 재배치를 싫어함 · 조직가치와 규범에 순응	· 소규모의 가족 기업 · 대규모 공공사업체	· 관료직
기업가적 창의성	· 자기사업 시작을 선호 · 소규모의 유망기업을 선호	· 일반 관리자문 · 주식/옵션 및 재정거래 · 인수합병 등	· 사업직
자율성	· 조직의 제약으로부터 탈피 선호 · 자신의 일을 스스로 하고자 함 · 대기업과 공무원 회피	· 학문 · 글쓰기와 출판 · 소규모 기업 소유	· 자유직
봉사/ 헌신	· 직무수행을 통해 자신이 중요하게 생각하는 가치 실현을 소망	· 서비스업종 · 사회사업	· 의사 · 교사 · 목사
순수한 도전	· 타인과의 경쟁을 극복 · 난관을 극복하고 승리하는 과정 선호 · 승부욕과 도전정신	· 영업직군 · 스포츠 분야	· 세일즈맨 · 운동선수 · 직업군인
라이프 스타일	· 자신, 가족, 조직의 니즈 사이에서 조화 추구 · 특정 지향점 없음	· 사회적 가치 변화에 따라 자신의 생활 스타일과 부합되는 직장 선호	

04

보상,
유지,
방출

I 직무급

*암기법: 기노책작

1. 의의

직무급은 해당 기업에 존재하는 직무들을 평가하여 상대적인 가치에 따라 임금을 결정하는 임금제도이다. 직무의 기술정도, 노력도, 책임도, 작업조건 등을 기준으로 각 직무의 상대적 가치를 평가하고, 그 결과에 따라 임금을 결정하는 것이다. 직무급은 역사적으로 유럽과 미국에서 발달되어 온 제도이며, 최근 저성장, 고령화 및 정년연장 등의 환경변화와 맞물려서 임금체계의 개선논의가 활발해지고 있으며, 직무급이 유력한 대안으로 제시되고 있다. 직무급이 성공적으로 운영되기 위해서는 직무분석과 직무평가의 신뢰성과 타당성이 필수적으로 요청된다.

2. 필요성 및 특징

1) 동일노동, 동일직무에 동일임금을 지급하는 임금체계

2) 임금을 노동의 질과 양에 따른 명확한 기준으로 결정함으로써 임금결정의 자의성 배제

3) 근로자가 느끼는 노동의 상대적 박탈감을 감소시켜 주고 임금의 공정성 제고

3. 장단점

1) 장점

  ① 능력주의 인사풍토 조성(전문성 강화효과)

  ② 직무 난이도 기준의 합리적 임금책정으로 자원의 효율적 이용과 인건비의

효율성 증대(연공성 완화효과)

③ 개인별 임금 차 불만의 해소

④ 직무 간 공정한 임금 격차 유지를 통해 임금의 공정성 제고(공정성 제고효과)

⑤ 공정한 임금 지급을 통해 우수인력 확보와 유지 및 활용 가능

⑥ 대부분의 글로벌 기업에서 직무급을 도입하고 있는 현실에서 우리나라 기업들이 다른 나라에 진출해서 사업을 하는 경우, 국내 본사의 인사제도가 현지국에서도 통용될 수 있다는 것은 중요한 경쟁력을 구성(글로벌 사업전개의 지원효과)

2) 단점

① 절차가 복잡하고 평가기준의 객관적인 설정 곤란

② 노동의 자유이동이 수용되지 않는 폐쇄적인 노동시장 구조에서는 적용이 어려움

③ 학력, 연공주의 풍토에서 오는 장기근속자 및 노동조합의 저항

II 직능급

1. 의의

직능급은 종업원이 보유하고 있는 직무수행능력(직능)을 기준으로 임금액을 결정하는 제도이다. 직능급은 종업원의 직무가치보다 직무수행 능력을 반영하는 임금이다. 즉, 동일직무를 수행하더라도 직무수행 능력의 차이가 있다면, 그 차이를 보수로 반영하는 임금이다. 직능급은 인사관리의 이념인 성과적 공동체의 실현과 관련하여 기업의 경영성과와 종업원의 자기계발에 대한 목표를 공히 충족시킬 수 있도록 종업원의 직무수행 능력에 초점을 두어 그 가치에 대응하는 임금을 설정하는 임금체계 유형의 하나이다. 여기서 직무수행 능력이란 현재 보유하고 있는 능력뿐만 아니라 향후 발휘 가능한 잠재능력까지 포함하는 개념이며 이러한 능력의 획득을 위해서는 일정 시간의 투입이 필수적이다. 이처럼 직무수행 능력은 근속연수와 비례한다는 점에서 직능급은 직무급과 연공급을 절충하여 양 제도의 장점을 취한 것이라 할 수 있다.

우리나라에서 직능급이 도입되기 시작한 것은 1990년대에 들어서면서부터이다. 고성장 시대가 끝나 가고 저성장 시대로 진입하면서, 구성원들에게 승진을 시켜 줄 수 있는 포스트가 부족해지고, 승진적체가 매우 심각한 문제로 부가하게 되었다. 연공급에 기초한 임금제도로는 고임금 저성장 시대에서 더 이상 구

성원들의 동기부여를 하기 힘들었다. 연공급하에서 임금이 오르는 것을 막을 수는 없다고 하더라도, 그것이 동기부여나 생산성에 긍정적 영향을 미칠 수 있도록 만드는 것이 당시 기업들의 중요한 과제였다.

※ 박스 안의 내용은 10점 분량의 문제에서는 생략 가능

2. 필요성 및 특징
1) 능력주의 임금제도
2) 기존 연공급과의 타협적 성격을 가짐
3) 중소기업에서 많이 채택하는 경향
4) 종업원 능력 향상의 기대에 부응

3. 장단점

1) 장점
　① 능력주의 인사관리 실현
　② 종업원의 성장욕구 충족기회 제공
　③ 임금 공정성을 실현하여 우수인재 확보 및 유지
　④ 연공적 요소가 다소 반영이 되어 한국기업에 적합
　⑤ 저성장기에 승진적체 완화

2) 단점
　① 연공급화가 될 가능성이 높음
　② 초과능력이 바로 성과를 가져다주지 않기 때문에 임금부담이 가중
　③ 직능평가에 어려움이 있고, 직무가 표준화되어 있어야 적용 가능
　④ 고연령자나 단순 반복적 직무를 수행하는 자에 대해서는 그 적용의 한계가 존재(적용할 수 있는 직종이 제한적, 직능이 신장될 수 있는 직종에만 적용 가능)

종업원 지원프로그램(Employee Assistance Program: EAP)에 관하여 설명하시오.
[2021년 10점]

기출 및 유사문제

☑ 근로기준법상 직장 내 괴롭힘의 개념을 설명하고, 직장 내 괴롭힘 발생 시 조치방안 중 3가지만 쓰고 설명하시오. [25점] (2021년 제
30회 공인노무사시험)

I 의의

종업원 지원프로그램(Employee Assistance Program: EAP)은 현대를 살아가
는 직장인의 건강, 부부, 가정생활의 문제, 법·경제문제, 알코올·약물중독과
정서, 스트레스 등 업무성과 전반에 영향을 미칠 수 있는 문제를 전문가의
도움을 얻어 해결함으로써 '행복한 일터'를 구현하고 기업의 비용절감 및 생
산성을 고양하기 위한 구성원 지원 프로그램이다. 즉, 직무성과에 영향을 미
칠 수 있는 개인적 문제를 해결하기 위해 조직 내·외부의 자원을 활용해서
기업이 종업원들에게 제공하는 사회·심리적 서비스를 말한다.

II 프로그램의 내용

1. 직무관련 상담

경력개발, 직무전환 및 이동, 아웃플레이스먼트(Outplacement), 리더십 코
칭, 역량개발, 대인관계, 이미지 컨설팅

2. 일·가정 양립 관련 상담

스트레스 관리, 심리상담, 미술치료, 법률 및 재정상담, 자녀보육 및 부모봉
양, 부부대화법

3. 일반상담

금연 및 금주 클리닉, 체중관리 프로그램 등 건강 관련 서비스

III 기대효과

1. 기업 차원
1) 사기증진으로 생산성 향상
2) 이직과 퇴직 감소
3) 의료비, 근무지연, 직장폭력 등의 감소

2. 종업원 차원
1) 종업원 고충과 스트레스 최소화
2) 직무와 조직에 대한 몰입도 제고
3) 기업에서 제공하는 무상(또는 일부 부담) 서비스로 경제적 부담 완화

생략해도 무방 ☞

IV 유의사항

1. 도입 기업의 정서와 문화에 맞는 EAP 설계 필요

2. 철저한 사후 대책 수립 및 비밀 유지

3. EAP 운영과 정착을 위한 교육 실시

집단성과분배제도로서 스캔론플랜(Scanlon Plan)과 럭커플랜(Rucker Plan) 등이 있다. 집단성과분배제도의 개념, 스캔론플랜과 럭커플랜의 운영방식과 각각의 장단점을 논하시오.
[2020년 30점]

기출 및 유사문제
- 인센티브제의 의의와 개인 인센티브제와 집단 인센티브제를 비교 설명하라. [25점] (1998년 제7회 공인노무사시험)
- 스캔론플랜(Scanlon Plan)의 개념, 내용과 효과 및 한계점에 대하여 설명하시오. [25점] (2013년 제22회 공인노무사시험)
- 성과배분제(Gain-sharing), 이익배분제(Profit-sharing), 종업원지주제(Employee Stock Ownership Plan)에 관하여 각각 설명하시오. [10점] (2019년 제34회 경영지도사시험)
- 이익분배제(Profit Sharing Plan)의 개념, 특징, 장단점에 관하여 설명하시오. [25점] (2020년 제29회 공인노무사시험)

Ⅰ 집단성과분배제도의 개념 및 도입 시 고려사항

1. 개념

집단성과급제도는 경영성과를 종업원의 집단적 노력의 산물로 보아, 이익을 포함한 각종 경영성과의 배분에 종업원을 참여시키는 제도이다. 집단성과분배제도는 기업이 노사 공존공영을 목표로 창출된 경영성과를 적절히 배분하는 제도로 종업원의 경영참가의 한 유형으로도 이해되는 개념이다. 기업이 기대한 경영성과 이상의 성과를 거두었을 경우, 기대성과와 실질성과와의 차액을 근로자에게 일정 부분 배분하는 임금을 성과배분 임금이라고 한다.

2. 도입 시 고려사항

집단성과분배제도의 도입에 있어 고려해야 할 사항으로는 성과의 판단기준, 경영성과에 대한 경영진의 몫과 종업원의 몫에 대한 배분기준 및 비율, 개별 종업원에게 참가배분 몫을 지급하는 기준 및 방식 등이다. 그중 핵심이 되는 것은 경영성과를 바로 무엇으로 볼 것인가의 문제, 즉 성과판단의 기준 이슈이다. 일반적으로는 경영성과를 판단하는 대표적 기준치로 업적치(생산수량 및 질, 원가절감 등), 수익치(매출액, 부가가치 등), 이익치(순이익, 배분가능 이익 등)가 대상이다. 이와 같이 다양한 성과지표가 가능하다는 것이 장점이지만, 지표를 선정하고 산정하는 데 있어서 구성원이나 노조와의 협의가 매우 중요하다. 성과지표의 타당성을 둘러싸고 갈등이 있을 수 있기 때문이다.

* 암기법
: 금년도 집단성과분배제도는 업수이

Ⅱ 집단성과분배제도의 유형

성과판단의 기준 이슈를 업적치나 수익치를 중심으로 하는 것을 성과배분계획, 이익치를 중심으로 하는 것을 이익배분계획이라 한다.

1. 성과배분계획(Gain Sharing plan, GS)

업적치와 수익치 중심의 성과배분계획은 생산성 향상이나 노무비를 포함한 각종 원가절감에의 노력에 대한 금전적 이득(절약분)을 사용자와 종업원 간에 배분하는 제도이다. 대표적 사례로 스캔론플랜과 럭커플랜이 있다.

2. 이익배분계획(Profit Sharing plan, PS)

사전에 설정된 수준을 초과하는 기업이익이 발생하였을 때, 이를 종업원에게 배분하는 것으로, 그 지급액이 사전에 정해지는 것이 아니라, 기업의 경영성과에 따라 결정되는 사후적 보상이며 집단적 보상의 성격을 갖는다. 평균적으로 이익분배액은 사원 연 급여의 8~10% 정도에 해당한다. 이익배분계획은 산정지표의 확보가 용이하고 계산이 간단하다는 장점이 있는 대신 기업이익이 구성원의 노력과 성과뿐만 아니라, 기업이 통제할 수 없는 외부환경의 영향을 받게 된다는 위험도 내포하고 있다. 우리나라에서 가장 잘 알려진 이익배분계획의 사례는 삼성전자의 PS 제도이다.

* 암기법: 스매럭부

Ⅲ 스캔론플랜

1. 운영방식

MIT 대학의 스캔론(Scanlon)이 창안한 것으로 기업의 과거 통계에 기초하여 매출액에서 차지하는 인건비 비율을 산출하고, 특정 시점에서의 매출액에 이 인건비 비율을 곱하여 인건비를 산출하여, 실제 지출한 인건비가 이보다 적을 경우, 그 차이를 종업원들에게 배분액(보너스)으로 지급하는 제도이다. 이 제도는 참여형 경영의 이론적 근거가 되는 Y 이론에 그 배경이 있다.
생산성 향상을 위해 공개적인 '집단제안제도'에서 제시된 종업원의 건설적 제안(종업원 참여 제도, 종업원의 참여 강조)이 '생산위원회(조정위원회)'에서 채택되어 생산활동에 반영되게 된 경우 나타나는 인건비의 감축정도가 성과배분의 기준이 된다. Bonus Pool에서 25%는 결손월을 대비해서 적립금으로 유보하고, 나머지 75%는 종업원과 회사 측이 3:1로 배분하는 방식이다. 보너스 금액의 계산은 보통 매월 1회 정도 실시한다.

2. 장단점

1) 장점
① 집단적인 제안제도 운영으로 노사협력에 공헌, 집단구성원 간 협동심 제고
② 보너스 산출공식이 조직의 모든 구성원에게 쉽게 이해(성과평가 용이)
③ 노무비 절감이라는 명확한 목표와 성과와 보상의 관계가 직접적이기 때문에 종업원들에게 동기부여 효과가 큼
④ 이익배분이 결산기에만 이루어짐에 반해 매월 상여금 지급이 가능

2) 단점
① 표준인건비 비율이 과거를 반영하기 때문에, 제품시장에서의 환경변화(재료 및 에너지 변동 및 물가)로 이 비율의 변화가 요구되었을 때, 노사 간의 문제 발생 우려
② 경영자가 품질관리가 보너스 산정에 있어서 중요한 요소가 되어야 한다고 믿는다면, 스캔론플랜의 실시는 피해야 할 것(노무비 절감에 치중하다 보면 품질관리 문제)
③ 우수종업원에 대한 성과의 부정확한 반영으로 이직 우려
④ 임금의 경쟁력 문제 발생 가능(개인의 기본급이 아닌 보너스이기 때문)
⑤ 소기업 위주로 적용되어 왔고, 공장자동화나 첨단기술 적용 기업의 경우 개선의 여지가 적어 적용 곤란

Ⅳ 럭커플랜

1. 운영방식

미국의 경제학자 럭커(Rucker)는 기업의 부가가치에서 차지하는 인건비의 비율이 거의 일정함을 발견하였다. 즉, 럭커플랜은 기업이 창출한 부가가치에서 인건비가 차지하는 비율을 기준으로 배분액을 결정하는 제도이다. 따라서, 기업에서 주어진 인건비로 평상시보다 더 많은 부가가치를 창출하였을 경우, 이 초과된 부가가치를 노사협동의 산물로 보고, 기업과 종업원 간에 배분하는 것이다. 비용절감이 목표인 점에서는 스캔론플랜과 유사하지

만, 좀 더 정밀한 회계분석에 기초를 두는 제도이다. 종업원참여제도에 있어서는 스캔론플랜보다는 참여제도의 중요성이 덜 강조되어 생산위원회(조정위원회)만 운용한다. 성과배분방식은 결손월에 대비해 25~30%의 유보금을 제외한 나머지를 기업과 종업원 간에 50:50 비율로 배분한다.

2. 장단점

1) 장점
① 스캔론플랜과는 달리 기업이 달성한 부가가치를 기준으로 임금배분액을 계산하므로 시장상황을 반영한다는 점에서 매우 합리적인 제도
② 품질이슈 해소(노무비분만 아니라, 기타 제반비용의 절감을 통한 부가가치 증가도 포함시키므로 종업에게도 유리하게 작용)

2) 단점
① 계산방식 복잡(배분액 산정 시 부가가치분배율에 대한 과학적인 근거를 찾는 데 한계)
② 표준생산성 비율에 대한 과학적 근거를 찾는 데 한계가 있기 때문에 기업이 속한 해당 산업의 표준생산성 비율의 변동에 따라 배분비율의 계속적인 수정이 요구되는 번거로움
③ 종업원들이 계산방식을 이해하기 어려움.

생략해도 무방, ☞
가점 1~2점 목적

V 결론

이상에서 살펴보았듯이, 스캔론플랜과 럭커플랜의 공통점은 생산성 향상을 위한 노사협력제도이며, 집단성과분배제도이다. 이를 통하여 종업원이 참여의식을 고취할 수 있는 경영참가제도 중 이익참가라는 직접참가의 유형이다. 또한 표준인건비와 표준부가가치 모두 과거의 자료를 활용하여 성과배분의 기준으로 삼고 있다.

스캔론플랜에서는 생산성 향상에 따른 인건비 절감에 초점을 두지만, 럭커플랜에서는 매출액에서 노무비분만 아니라 기타 제반비용을 고려한 부가가치를 고려하므로, 경영자는 품질관리 등 더 다양한 목적으로 활용할 수 있다.

I 산업재해 예방대책의 의의와 중요성

산업재해 예방대책이란 작업장에서 일어나는 종업원의 각종 손실(산업재해)을 최대한 방지하고 사고와 질병을 유발하는 원인을 제거하여 조직효과성의 달성에 이바지하는 계획적이고 체계적인 예방대책을 의미한다. 이는 인적자본의 상실뿐만 아니라, 천부적 인권에 대한 국가사회 차원의 보호수준과 기업평판에도 영향을 미치게 된다. 산업재해와 관련하여 하인리히 법칙은 큰 사고가 일어나기 전에 일정 기간 동안 여러 번의 경고성 징후와 전조들이 있다는 사실을 입증하였다. 이와 같이 산업재해는 미연에 방지하는 것이 중요하다는 것이다.

II 산업재해의 원인

* 암기법: 인물환

1. 인적 요인
: 개인적인 소질 및 부주의한 행동에서 비롯되는 재해의 원인

  1) 개인 소질 부족(과격한 기질, 감각능력의 결함, 근력 부족, 각종 질환 등)
  2) 안전수칙 불이행(안전지식 부족, 안전수칙의 오해, 유해작업 교육 불충분 등)

2. 물적 요인
: 기업 내의 각종 시설과 설비 면에서 비롯되는 재해의 원인

  1) 시설과 설비 자체의 결함(기계장치의 불량 또는 노후화)
  2) 부적절한 보호장치(안전장치 보호구의 결여)
  3) 공구, 기구의 불량
  4) 표식의 불비 및 불완전

3. 환경적 요인
: 작업환경에 따르는 물리적, 화학적, 정보적 위험 요소

1) 물리적 요인
작업장 협소, 기계류의 부적절한 배치, 통로 협소, 채광·조명·환기시설 부적당 등

2) 화학적 요인
고열, 분진, 소음, 진동, 유독가스, 유해방사선 등

Ⅲ 산업재해의 예방대책

* 암기법: 인물환

1. 인적 요인 예방대책
1) 종업원의 건강증진을 위한 각종 프로그램 마련
2) 작업조건과 방법의 합리화
3) 물리적 조건의 관리

2. 물적 요인 예방대책
1) 여러 장비와 설비를 구입할 때부터 주의를 기울여야 한다.
**2) 산업안전보건위원회 설치, 위험한 장소나 작업장에 대한 표식 불비 점검,
장비, 설비 등에 대한 개선 활동**

3. 환경적 요인 예방대책
1) 기계 및 설비의 배치와 작업장의 위생관리에 철저한 주의
2) 생산공정에서 발생할 수 있는 오류극복을 위한 종업원의 적정배치

Ⅳ 결론

생략해도 무방 ☞

산업재해 예방대책의 효과적인 실행을 위한 비용과 기대효과라는 비용, 편
익적인 접근은 예방효과가 미래에 발생하기 때문에 올바르게 측정되기 어
렵다. 특히, 기대효과가 과소평가될 우려가 있다. 따라서 지속적인 산업재
해 현황분석이 필요하며, 이를 토대로 최고경영층뿐만 아니라, 종업원들 모
두가 재해예방의 중요성을 전사적으로 인식할 수 있도록 분위기를 조성하는
노력이 요구된다.

성과배분제(Gain-sharing), 이익배분제(Profit-sharing), 종업원지주제(Employee Stock Ownership Plan)에 관하여 각각 설명하시오. [2019년 10점]

기출 및 유사문제

- 종업원 지주제도의 특성과 효율적 활용방안을 약술하라. [25점] (1997년 제6회 공인노무사시험)
- 주식매입 및 참가 형태에 따라 종업원지주제도의 유형을 구분하고, 각 유형의 장단점을 설명하시오. [10점] (2018년 제33회 경영지도사시험)
- 이익분배제(Profit Sharing Plan)의 개념, 특징 및 장단점에 관하여 설명하시오. [25점] (2020년 제29회 공인노무사시험)
- 집단성과분배제도로서 스캔론플랜(Scanlon plan)과 럭커플랜(Rucker plan) 등이 있다. 집단성과분배제도의 개념, 스캔론플랜과 럭커플랜의 운영방식과 각각의 장단점을 논하시오. [30점] (2020년제35회 경영지도사시험)

I 성과배분제(Gain-sharing)

업적치와 수익치 중심의 성과배분계획은 생산성 향상이나 노무비를 포함한 각종 원가절감에의 노력에 대한 금전적 이득(절약분)을 사용자와 종업원 간에 배분하는 제도이다. 대표적 사례로 스캔론플랜과 럭커플랜이 있다.

성과배분제도는 생산성 향상 등을 통한 금전적 이득이나 절약분을 사용자와 종업원 간에 배분하는 제도이다. 생산성을 산정지표로 설정한 후 목표를 달성하게 되면, 그 수익을 종업원에게 배분하는 제도이다. 생산성은 간단히 말하면 투입 대비 결과물의 비율이며, 결과물을 무엇으로 보는가에 따라 매우 다양한 성과들을 포함할 수 있다는 장점이 있다. 일반적으로 많이 사용되는 생산성 지표는 산출물의 양이나 매출액, 비용절감 등이지만, 품질이나 고객만족 등의 지표를 활용하는 것도 얼마든지 가능하다. 다양한 성과지표가 가능하다는 것이 장점이지만, 지표산정을 선정하는 데 있어서 구성원이나 노조와의 협의가 매우 중요하다. 성과지표의 타당성을 둘러싸고 갈등이 있을 수 있기 때문이다. 가장 널리 알려진 성과배분제는 스캔론플랜(매출액에 대한 노무비 절약분을 인센티브 임금으로 지급하는 제도), 럭커플랜(표준생산성 비율을 초과하는 부가가치 생산액을 노사 간에 분배하는 제도), 임프로쉐어플랜(단위당 소요되는 표준 노동시간과 실제 노동시간을 비교하여 절약된 노동시간을 노사 간에 배분하는 제도) 등이 있다. 투입지표는 노동과 관련된 비용이나 노동시간이며, 산출지표는 주로 매출이나 부가가치가 사용된다.

* 암기법
: 금년도 집단성과분배제도
  는 업수이

Ⅱ 이익배분제(Profit-sharing)

사전에 설정된 수준을 초과하는 기업이익이 발생하였을 때, 이를 종업원에게 배분하는 방식으로, 그 지급액이 사전에 정해지는 것이 아니라, 기업의 경영성과에 따라 결정되는 사후적 보상이며 집단적 보상의 성격을 갖는다. 평균적으로 이익분배액은 사원 연 급여의 8~10% 정도에 해당한다. 이익배분계획은 산정지표의 확보가 용이하고 계산이 간단하다는 장점이 있는 대신 기업이익이 구성원의 노력과 성과뿐만 아니라, 기업이 통제할 수 없는 외부 환경의 영향을 받게 된다는 위험도 내포하고 있다. 우리나라에서 가장 잘 알려진 이익배분제의 사례는 삼성전자의 PS 제도이다.

Ⅲ 종업원지주제(Employee Stock Ownership Plan)

기업이 특별한 조건으로 종업원에게 주식의 일부를 분배하여 주는 인센티브 제도이다. 종업원들은 자신이 소유한 주식의 가치에 대해 정기적인 보고를 받을 수 있으며, 퇴사나 이직 시에 회사 또는 증권시장에 소유주식을 처분할 수 있다.

주가(Stock Price)로 대표되는 기업의 경영성과와 종업원의 주식 소유가치가 직접적으로 연동되므로 종업원지주제는 종업원의 조직몰입도와 자부심을 높여 주는 효과적인 방법이라 할 수 있으며, 주식가치 상승분에 대하여 각종 세제상의 혜택이 주어진다. 이 제도하에서 종업원은 기업의 피고용인인 동시에 기업의 소유자인 주주가 되므로, 기업의 최고 의사결정기구인 주주총회에 참여하여 경영의사결정에 직간접적으로 영향을 줄 수도 있다.

임금체계의 개념을 설명하고, 임금체계의 4가지 유형과 각각의 장단점에 관하여 논하시오. [2018년 30점]

기출 및 유사문제

▣ 임금결정과 임금차등화의 요건 및 임금체계 유형을 약술하라. [25점] (2001년 제10회 공인노무사시험)
▣ 임금체계의 유형에 대하여 설명하시오. [10점] (2006년 제21회 경영지도사시험)

I 임금체계의 개념

임금체계(Pay Structure)는 임금수준(Pay Level) 관리에 의해 결정된 임금총액을 종업원들에게 공평하게 배분하는 방식과 관련된 문제이다. 임금항목을 공정하고 타당한 배분기준에 입각하여 구성함으로써, 종업원들에게 임금만족과 동기유발을 줄 수 있다. 따라서 임금체계 관리는 임금의 공정성과 관련이 깊다. 기본급에 따라 수당이나 상여금이 결정되는 경우가 많기 때문에 결국 임금체계는 '기본급'을 결정하는 기준이나 논리가 무엇인가에 관한 것이라고 할 수 있다. 일반적으로 연공급, 직무급, 직능급, 성과급의 4가지 유형이 있다.

II 임금체계의 4가지 유형과 장단점

* 암기법: 연무능성 /
기노책작

1. 연공급의 개념과 장단점

1) 연공급의 개념

연공의 사전적 의미는 '여러 해 동안 근무한 공로'이다. 연공급(Seniority-based Payment)을 임금제도의 관점에서는 근속연수가 올라갈수록 기본급이 상승하는 임금체계를 말한다. 연공급은 종업원들이 기업에서 근속연수나 경력 등의 연공요소가 증가함에 따라, 숙련도와 직무수행능력이 향상된다는 논리에 근거를 두고 있다. 이는 서양기업에 비해 후발산업국인 우리나라에서는 직무기능을 객관화하여 교육시킬 기회보다는, 숙련을 주로 기업 내 직무경험을 통해 상사 및 동료로부터 전수받는 것으로 생각했던 경험에서 받아들여졌다.

2) 연공급의 장단점

① 장점

연공급은 연공을 존중하는 유교문화적 조직풍토에서 질서확립과 사기유지에 용이하며, 생활보장으로 기업에 대한 충성심과 귀속의식을 증가시킬 수 있다. 또한 직무분석이나 성과평가가 어려운 경우에도 적용이 용이하며, 조직외부로의 기술유출이 없어 교육훈련 효과가 높다. 또한, 상위직 종사자들의 만족도 증진에 기여할 수 있다.

② 단점

연공급을 사용할 경우 동일노동에 대한 동일임금의 지급이 어려워지는 '공정성' 이슈가 발생하는데, 이는 역량이나 공헌이 아니라 연공에 따라 임금이 책정되기 때문이다. 따라서 기업 측의 인건비 부담이 가중되며, 전문기술인력의 확보에 애로가 생긴다. 또한 젊은 층의 사기가 저하되는 동시에 오래 근속하기 위하여 종속적이고 소극적인 근무태도를 야기시킨다는 문제점도 나타난다.

2. 직무급의 개념과 장단점

1) 직무급의 개념

직무급은 해당기업에 존재하는 직무들을 평가하여 상대적인 가치에 따라 임금을 결정하는 임금제도이다. 직무의 **기술정도**, **노력도**, **책임도**, **작업조건** 등을 기준으로 각 직무의 상대적 가치를 평가하고, 그 결과에 따라 임금을 결정하는 것이다. 직무급은 역사적으로 유럽과 미국에서 발달되어 온 제도이며, 최근 저성장, 고령화 및 정년연장 등의 환경변화와 맞물려서 임금체계의 개선논의가 활발해지고 있으며, 직무급이 유력한 대안으로 제시되고 있다. 직무급이 성공적으로 운영되기 위해서는 직무분석과 직무평가의 신뢰성과 타당성이 필수적으로 요청된다.

2) 직무급의 장단점

① 장점

직무급은 직무 중심으로 인사관리의 합리화를 추구할 수 있으며, 능력주의 인사풍토의 조성으로 연공급에서와 같은 불합리한 노무비의 지출이 적다는 점에서 노동생산성과 작업능률을 향상시킬 수 있다는 장점이 있다.

② 단점

직무급은 그 시행절차가 복잡하고, 기존의 학력이나 연공중심의 풍토에서 오는 저항이 강하며, 노동의 자유이동이 수용되지 않는 사회에서의 적용이 제한적이며, 종래 종신고용을 기반으로 형성된 가족주의적 공동체 지향문화와 충돌한다는 점에서 그 시행과 적용에 주의를 기할 필요가 있다.

3. 직능급의 개념과 장단점

1) 직능급의 개념

직능급은 종업원이 보유하고 있는 직무수행능력(직능)을 기준으로 임금액을 결정하는 제도이다. 직능급은 종업원의 직무가치보다 직무수행능력을 반영하는 임금이다. 즉, 동일직무를 수행하더라도 직무수행능력의 차이가 있다면, 그 차이를 보수로 반영하는 임금이다. 직능급은 인사관리의 이념인 성과적 공동체의 실현과 관련하여 기업의 경영성과와 종업원의 자기계발에 대한 목표를 공히 충족시킬 수 있도록 종업원의 직무수행능력에 초점을 두어 그 가치에 대응하는 임금을 설정하는 임금체계 유형의 하나이다. 여기서 직무수행능력이란 현재 보유하고 있는 능력뿐만 아니라 향후 발휘 가능한 잠재능력까지 포함하는 개념이며 이러한 능력의 획득을 위해서는 일정 시간의 투입이 필수적이다. 이처럼 직무수행능력은 근속연수와 비례한다는 점에서 직능급은 직무급과 연공급을 절충하여 양 제도의 장점을 취한 것이라 할 수 있다.

2) 직능급의 장단점

① 장점

능력과 역량 중심의 임금체계는 종업원에게 직능자격제도에 의하여 임금지급액을 예상할 수 있게 함으로써 근로의욕을 고취하고 자기계발 의지도 북돋워 줄 수 있다. 즉, 종업원들이 다양한 역량을 습득해서 여러 직무를 수행하므로 노동력의 유연성이 증가하고 역량습득과 개발을 촉진시킴으로써 종업원들의 역량이 향상되어 조직의 성과가 증대될 수 있다.

② 단점

초과능력이 바로 성과를 가져다주지 않기 때문에 임금부담이 가중될 우려가 있으며, 지나치게 자격조건만을 강조할 경우 형식적인 자격기준에만 치우쳐 실제 경영활동에 필요한 핵심역량을 소홀히 다룰 여지가 있다. 특히 자격 취득기준이 시험에 근거할 경우 경쟁의 격화로 조직의 분위기가 저해될 가능성도 있다. 그리고 역량의 정의가 모호할 경우 임금공정성이 침해될 수 있으며, 능력과 역량의 측정에 있어 타당성과 신뢰성을 검증하기도 쉽지 않다. 또한 역량 진부화 시에는 무용한 임금제도로 전락할 우려도 있으며, 50세 이상의 종업원의 경우에는 능력개발이 현실적으로 힘든 경우가 많으므로, 이때에는 직무급이나 연공급과의 병행이 필요할 수 있다.

4. 성과급의 개념과 장단점

1) 성과급의 개념

성과급은 개별 종업원이나 집단이 수행한 노동성과나 업적을 기준으로 임금을 산정하여 지급하는 임금체계이다. 성과급은 산업화 초기에 이미 널리 확산되어 있었던 전통적 임금제도이다. 종업원이 특정의 질과 양의 과업을 달성한 결과에 따라서 받는 변동적인 임금을 말하며, 동일한 가치를 가진 직무(동일직무)를 수행한다고 해도, 종업원들의 임금은 그들이 달성한 성과에 따라 달라진다. 따라서 앞에서 살펴 본 연공급, 직무급, 직능급은 고정급인 데 비해, 성과급은 변동급이다.

2) 성과급의 장단점

① 장점

성과급은 능력주의 임금관리를 실현할 수 있어 유능한 인재를 계속 보유할 수 있다. 그리고 조직구성원의 성장욕구를 충족시키고, 승진적체를 완화시킬 수 있다. 또한, 시간급보다 적절한 생산량을 유지하기 위한 감독의 필요성이 줄어든다.

② 단점

종업원은 생산량을 추구하고 관리자는 생산량과 품질수준을 동시에 고려하기를 원하기 때문에 품질관련 문제가 대두되어 조직성과에 저해될 수도 있다. 근로자의 수입이 불안정하고 미숙련자에게 불리하다. 그리고 표준과업량의 변경에 대한 불안감으로 인해 종업원은 기업의 신기술 도입에 저항할 가능성이 높다. 또한 특별히 성과가 높은 종업원은 조직 내에서 소외되는 경우도 발생한다는 점에서 문제가 있다. 즉, 조직의 협동과 협업을 어렵게 할 수 있다.

I 선택적 복리후생제도의 등장배경과 개념

1. 등장배경

많은 기업은 복리후생비용이 가파르게 증가하고 있기 때문에 비용부담으로 인한 압박을 강하게 받고 있으며, 비용은 많이 들면서도 실제 구성원들의 만족도나 근로의욕에는 별다른 영향이 없지 않는가 하는 이중적인 고민을 않고 있다. 이는 결국 과거의 복리후생제도가 바르게 변화하는 구성원의 욕구나 기대와 잘 맞지 않는 불일치현상이 발생하고 있다는 것을 의미한다. 이러한 문제점을 극복하여 기업이 제공하는 복리후생에 대한 종업원의 만족도를 극대화시키기 위해 기업은 종업원의 욕구에 맞는 복리후생 프로그램의 개발 필요성을 인식하게 되었다.

2. 개념

종업원들은 개인적인 욕구와 선호를 가지고 있다는 데에 이론적 근거를 두고, 종업원들에게 여러 가지 복리후생의 선택안(Option)을 제공하고, 이 중에서 자신들의 다양한 욕구에 다라 자기가 선호하는 복리후생을 자유롭게 선택할 수 있도록 복리후생의 유연성을 최대로 살리는 제도이다. 선택적 복리후생제도를 보통 카페테리아식이라고 한다. 이러한 이름은 카페테리아식 식당에서 사람들이 자기가 원하는 음식을 자유로이 선택하는 데에서 비롯된 것이다.

II 선택적 복리후생제도의 3가지 유형

* 암기법: 선지선추모

1. 선택형 지출계좌형

종업원 개인에게 주어진 복리후생 예산범위 내에서, 회사가 제시한 복지항목의 다양한 상품이나 서비스를 종업원 개인이 자유로이 선택하여 구입하거나 이용할 수 있는 제도이다. 선택적 복리후생제도 가운데 개인의 선택권이 가장 많이 보장되는 유형이다. 하지만, 구성원의 선택에 대한 사전예측이 어렵기 때문에 회사의 방침과 어긋나는 등 제도를 관리하는 어려움이 커질 수 있다.

2. 선택항목 추가형

모든 구성원에게 최소한의 복리후생 항목을 기본으로 제공하고, 구성원들 개인에게 부여된 일정 점수(Credit) 한도 내에서 공통항목의 수혜 범위를 증가시키거나, 핵심항목 외의 별도 항목(Option)을 자유롭게 선택하도록 하는 제도이다. 예를 들면, 기본적인 복리후생으로 건강검진 프로그램을 실시하고, 종업원이 나머지 복리후생 프로그램을 선정하는 것이다.

3. 모듈형

구성원이 다양한 복리후생제도들의 조합으로 구성된 여러 개의 모듈, 혹은 패키지 가운데 하나를 선택하는 제도이다. 일반적으로 건강중심 모듈, 문화 중심 모듈, 주택관련 모듈 등을 제시할 수 있다.

III 장단점

1. 장점

1) 종업원 만족도의 증가
종업원들에게 자신의 욕구와 선호도에 따라 복리후생제도를 선택하게 함으로써 만족도 증가

2) 변화하는 욕구에 대응
신규채용과 이직 등 조직구성원이 변해도, 이에 따라 적절하게 욕구 충족 가능

3) 복리후생 설계에 참여

종업원들은 직접 본인이 원하는 제도를 선택함으로써 능동적으로 제도설계에 참여

4) 비용대비 큰 효과

선택적 복리후생제도는 새로운 예산이 추가로 필요한 제도가 아니라, 기존의 복리후생제도 중 종업원의 선택폭을 넓혀 주는 것이므로 비용 대비 효과가 크다.

5) 비용의 안정적 통제

기업은 복리후생의 최대비용을 설정하고, 종업원은 그 한도 내에서 선택하므로 기업 입장에서는 비용의 안정적인 통제가 가능하다.

2. 단점

1) 종업원들이 정작 필요한 복지를 선택하지 않을 수도 있어 선택을 잘못했을 경우, 위급 시에 혜택을 받지 못하는 경우도 발생하는 등 기업이 추구하는 복리후생의 효과가 반감될 수 있다.
2) 프로그램의 관리가 복잡하고 운영비용이 많이 발생한다.
3) 선택의 역기능이 나타날 수 있다. 종업원들이 특정 복리후생 프로그램만을 선호할 경우, 그리고 특정 프로그램의 혜택수준을 아주 높일 경우 기업의 비용부담이 증가한다.

Ⅳ 성공적 운영방안

☞ 생략해도 무방,
1~2점 가점 목적

선택적 복리후생제도는 그 실행방법이 복잡하고, 개인별 급부의 내용과 상대가치가 다를 수 있으므로, 조직 내 갈등 유발요인이 되기도 한다. 따라서 이러한 단점을 줄이고 장점을 극대화하기 위하여 제도적 차원에서 '종합보상정책'과 정렬(Align)시킬 수 있는 효율적인 e-HRM을 마련하는 동시에 운영적 차원에서 종업원들의 적극적인 참여와 의사소통을 장려하고, 제도의 지속적인 업데이트가 간과되어서는 안 된다.

I 개념 및 중요성

전직지원제도(Outplacement)는 비자발적 이직관리 시 발생하는 퇴직예정자를 합리적으로 선발하고, 이들을 대상으로 인생의 설계를 위한 인생설계 프로그램이나 재취업을 위한 전직 및 창업교육을 관리하여 구성원의 지속적인 경력개발에 도움을 주려는 지원수단이다. 비자발적 이직, 즉 방출은 회사 측의 사유로 인한 갑작스러운 심리적 계약 파기에 해당하므로, 경영진은 전직지원을 비용이 아니라, 계약파기에 대한 책임이라는 관점에서 접근할 필요가 있다. 노동시장에서 종업원은 일반적으로 기업과 일자리에 대한 정보비대칭에 놓이게 되므로, 상대적으로 정보가 풍부한 기업 측에서 퇴직근로자의 직장탐색에 큰 도움을 줄 수 있다는 점에서 그 중요성이 있다.

II 퇴직자에 미치는 효과

1. 해고나 퇴직으로 인한 종업원의 심리적 불안이나 스트레스 감소

2. 전문적인 지원으로 개인의 상황에 맞는 효율적 진로 개척(고용가능성 제고)

3. 전 직장에 대한 우호적 감정 유지(반감 최소화)

4. 새로운 직업 및 환경 적응시간 최소화

III 잔류구성원에 미치는 효과

1. 인플레이스먼트 교육으로 조직몰입의 증가

2. 조직에 대한 신뢰 회복

3. 생산성 향상(작업노력 제고)

IV 결론

전직지원제도는 긍정적인 효과가 있지만, 만약 전직지원제도가 적절하게 관리되지 않는다면, 기업은 빠른 시일 내에 상당한 비용을 지불하게 된다. 또한 전직지원제도는 방출전략의 결과에 상당한 영향을 미칠 수 있기 때문에, 조직의 전반적인 해고전략의 가장 핵심적인 필요성을 충족시키도록 신중하게 설계되어야 한다.

☞ 생략해도 무방

I 임금공정성 문제의 의의

임금에 대한 공정성(Equity) 추구는 자본과 노동 간의 가치배분과 관련되는 갈등 및 기업 내 종업원 간의 임금배분과 관련되는 갈등을 줄이는 데 결정적인 역할을 하여 임금관리의 목표시스템인 경제적 효율성과 사회적 효율성을 달성할 수 있게 한다. 임금의 공정성 문제는 임금의 상위개념인 보상(Compensation)을 어떤 거래차원으로 보느냐에 따라 달라 질 수 있다. 이하에서는 벨쳐(Belcher)가 제시한 보상에 대한 5가지 거래차원에 대하여 살펴보기로 한다.

* 암기법: 경심사정윤

II 보상에 대한 5가지 거래차원

1. 경제적 거래

보상을 노사 간에 존재하는 경제적 거래현상으로 볼 때 임금이란 종업원을 생산의 한 요소로 보고, 이를 사용하는 데 대해 지불하는 가격(Price)을 의미한다. 이러한 거래는 수요와 공급의 원칙에 따라 노동시장에서 가격이 형성되고 거래가 완성된다.

2. 심리적 거래

고용에 대해 개인이 특정한 형태의 노동을 임금과 기타 직무만족을 위해 조직과 교환하는 심리적 계약으로 보는 것이다. 이러한 관점에서는 직무만족의 원천이 되는 흥미로운 직무, 원만한 동료 및 상사와의 관계, 직장안전 등도 보상의 한 종류로 인식된다.

3. 사회적 거래

조직이란 개인들의 집합체이고, 고용은 개인과 조직 모두에게 중요한 관계를 갖도록 해 주기 때문에 보상은 사회적 거래이자 현상으로 이해할 수 있다. 이러한 관점에서 개인이 받는 보상은 조직과 사회에 있어서 지위(Status)의 상징으로 보는 것이다.

4. 정치적 거래

정치적 거래 관점에서는 임금을 당사자들이 권력과 영향력 작용의 결과로 간주하고 있다. 즉 기업, 노조, 기업 내 소집단, 그리고 종업원 개인은 모두 임금결정 과정에 영향을 주고, 그 결과 임금이 결정된다는 것이다.

5. 윤리적 거래

보상에 대한 윤리적 거래에서는 보상관련 교환관계가 당사자 간의 윤리의식을 토대로 공정하게 이루어져야 한다는 것이다. 이 관점은 보상을 노동과 자본 간의 경제원리 아래에서의 교환관계로 보기보다 사회적이고 규범적인 시각에서 접근한 것이다.

Ⅲ 결론

임금을 경제적 거래로 보면 공정한 임금이란 노동시장에서 형성되는 노동의 가격이 되고, 심리적 거래로 보면 종업원이 가지고 있는 욕구의 충족정도가 공정성의 크기가 되며, 사회적 거래로 보면 종업원의 지위를 정확하게 반영해야 공정한 것이다. 또한 정치적 거래로 보면 노사 간의 협상력에 따라 공정한 임금수준이 달라지며, 윤리적 거래로 보면 종업원의 인간존엄성을 훼손하지 않는 수준이 될 때 임금의 공정성이 확보된다. 결국 임금과 관련되는 갈등문제를 극복하고, 노사 간 추구하는 목표를 달성하기 위해서는 임금의 공정성 확보가 핵심이슈가 된다.

생략해도 무방

05

기초이론 및
전략적 인사관리

최근 IT 기술의 발달로 인해 사무실이 아닌 곳에서 근무하는 경우가 늘어나고 있는데, 스마트 워크의 개념을 기술하고, 이에 따른 장점과 단점을 각각 4가지만 설명하시오. [2022년 10점]

I 스마트 워크의 개념과 등장배경

1. 스마트 워크의 개념

스마트 워크(Smart Work)란 영상회의 등 ICT(Information&Communication Technology)를 이용하여 시간과 장소의 제한 없이 업무를 수행하는 유연근무제와 유사한 근무방식을 말하며, 협의의 스마트 워크는 일정한 공간을 요구하는 정형화된 업무에서 탈피하여 업무공간을 신축적으로 이용하는 근무방식을 말한다.

2. 스마트 워크의 등장배경

경제성장과 더불어 종업원들의 업무와 삶의 질 조화에 대한 논의가 활발하게 진행되고 있는 가운데, 최근 스마트 기술의 비약적인 발전, MZ 세대들의 등장, 여성인력의 증가 등은 기존의 근무환경을 스마트하게 개선시킬 대안으로 주목받고 있다. 더불어 업무도 스마트하게 수행함으로써 직무몰입과 조직몰입, 그리고 조직성과를 제고할 수단으로 인식되고 있다. 이에 따라 스마트 워크의 성공적 정착은 기업들의 전략적 선택과 관리에 좌우될 것으로 기대된다.

II 스마트 워크의 장단점

1. 스마트 워크의 장점
(1) 출퇴근 절감시간을 업무 및 역량 개발에 투자할 기회 확보
(2) 지식정보화 사회에 일과 삶의 조화(WLB: Work and Life Balance)를 통한 생산성 향상
(3) 일과 육아의 병행 가능으로 우수 여성인력의 채용기회 확대

(4) 별도의 사무공간 불필요 및 전기소모량 감소 등 운영비용 절감

2. 스마트 워크의 단점

(1) 기술 및 보안 문제 발생 시 조직에 치명적인 결과를 초래할 수 있다.

(2) 인간관계에서 오는 긍정적 효과로 자기계발 촉진, 경쟁심 등 '발전의 원동력'을 상실하게 하여 '생산적 기업문화'의 형성에 문제가 발생할 수 있다.

(3) 비대면 근무방식으로 인하여 눈에 보이지 않는 관리의 사각지대가 발생할 수 있다.

(4) 분리된 근무를 지속할 경우 조직 내 고립(소외)으로 소속감이 저하될 수 있다.

(5) 결과만으로 성과측정을 하는 경우 과정이나 행동 관찰이 불가하여 실질적인 성과측정에 한계가 발생할 수 있다.

(6) 스마트 워크를 하지 않는 직원에 비해 역량개발 프로그램에 대한 참여 기회가 축소될 수 있다(상사의 관찰기회가 적어 직원에 대한 강·약점 평가 곤란으로 인해).

국제기업이 해외 자회사에 본사 파견인력을 배치하는 경우와 현지국인을 채용하는 경우의 장점과 단점을 각각 설명하시오. [2022년 10점]

기출 및 유사문제

▣ 국제기업의 본국인, 현지인, 제3국인 채용 시 장단점을 약술하라. [25점] (2010년 제19회 공인노무사시험)

▣ 기업은 해외활동에 필요한 인력으로 주로 본국인과 현지인을 활용하고 있다. 본국인과 현지인 활용의 장단점을 설명하고, 본국인과 현지인의 활용과정을 인적자원관리의 기능(확보, 개발, 평가, 보상, 유지) 관점에서 논하시오. [50점](2015년 제24회 공인노무사시험)

Ⅰ 국제기업의 인적자원 활용

국제기업에 필요한 인적자원을 확보하기 위해서는 인적자원을 어느 집단에서 충원할 것인가가 결정되어야 한다. 충원 가능한 인력집단은 본사 파견인력과 현지국인, 제3국 종업원이 있으나, 핵심적 의사결정은 주로 본사 파견인력과 현지국인 사이의 선택에 관한 것이다. 이는 국제기업의 전략적 입장에 의해 결정되어야 할 문제이다. 예를 들어 해외 자회사에 대한 통제를 중시하는 전략을 채택하는 기업은 본사 파견인력을 적극적으로 활용하는 것이 바람직하며, 경영에 있어서 현지화를 추구하는 기업은 현지국인 충원을 선택하는 것이 바람직하다. 한편, 해외에 많이 알려져 있지 않고, 해외진출 초기단계에 있는 기업들의 경우 본사 파견인력을 적극적으로 활용할 수밖에 없다. 해당 기업이 현지에서 잘 알려져 있지 않기 때문에 우수인력 확보가 어렵기 때문이다. 그리고 현지 노동시장에 우수한 인력의 공급이 부족한 상황에서도 본사 파견인력을 활용하는 것이 더 효과적일 수 있다.

Ⅱ 본사 파견인력을 배치하는 경우의 장단점

1. 장점

(1) 국제기업 전체의 통제와 조정이 촉진된다.

(2) 본사 인력이 국제감각과 경험을 익힐 수 있다.

(3) 업무에 필요한 경험과 능력이 이미 검증되어 있다.

(4) 본사의 경영목표와 정책이 조화롭게 추진될 수 있다.

2. 단점

(1) 현지 국가 직원의 승진 가능성이 낮아진다.

(2) 현지화의 장애요인이 된다.

(3) 본사의 경영스타일을 불필요하게 추구하게 된다.

(4) 해외근무자와 현지 인력 간의 보상 차이로 인해 위화감이 생긴다.

(5) 본사 파견인력이 현지에서 필요한 외국어 능력이 부족한 경우가 많다.

(6) 본사 파견인력과 그 가족을 파견하는 데 드는 비용부담이 크다.

Ⅲ 현지국인을 배치하는 경우의 장단점

1. 장점

(1) 현지국에서의 사업관행이나 사회경제적, 정치적, 법적 환경에 대한 친밀성

(2) 본사 파견인력을 채용할 때보다 상대적으로 저렴한 비용

(3) 현지국인에게 승진과 발전의 기회를 제공함으로써 조직몰입과 모티베이션 증진

(4) 해외 자회사 운영에 대한 현지국의 요구에 효과적으로 대응 가능

(5) 노동허가 문제 해결 등 채용비용의 절감

(6) 현지 정부의 방침에 부합

2. 단점

(1) 해외 자회사 운영에 대한 본사의 효과적인 통제가 어려움

(2) 본사 인사부서와의 커뮤니케이션이 어려움

(3) 본사 파견인력의 국제적, 또는 다양한 문화에 대한 경험의 기회제공이 부족

(4) 현지국인을 과다 채용할 경우, 세계화보다는 해당 국가의 민족적 결속력 강화

고성과 작업시스템(High Performance Work System)의 개념, 주요 구성요소, 그리고 그 효과에 관하여 논하시오. [2021년 30점]

기출 및 유사문제

- 현대의 기업은 지식 및 역량 중심의 고성과팀에 의해 생존가능성이 증대된다. 과거와 다르게 변화된 기업환경의 특성과 고성과팀에 관하여 각각 설명하고, 고성과팀을 동기부여할 수 있는 방안을 인사노무관리 기능별(확보, 개발, 보상, 유지)로 나누어서 논하시오. [50점] (2016년 제25회 공인노무사시험)
- 고몰입 인적자원관리시스템(High-involvement HR system)의 등장배경과 정의, 성과제고를 위한 고몰입 인적자원관리시스템의 3가지 기제(인적자본 측면)와 기제별 구성요소(실행방안이나 제도)에 관하여 논하시오. [30점] (2016년 제31회 경영지도사시험)

I 고성과 작업시스템의 개념과 특징

1. 고성과 작업시스템의 개념

조직 내 인적자원을 핵심역량으로 삼아 지속적인 경쟁우위를 확보하려는 노력의 일환으로 고성과 작업시스템(High Performance Work System)에 대한 연구가 진행되었다. 근로자를 하나의 자원으로 보는 개념으로, 조직성과를 증진하기 위해 종업원에 대한 적극적인 투자를 하고, 이들의 동기와 헌신을 이끌어 내는 목적으로 인적자원을 관리하며, 구체적으로는 교육에 대한 적극적 투자, 공정한 평가와 보상시스템, 나아가 노사 간 협력과 신뢰에 기반하여 구성원들의 자발적 참여와 헌신을 유발함으로써 보다 높은 성과 달성을 유도하는 인적자원관리 관행을 의미한다.

2. 고성과 작업시스템의 특징

1) 인적자원을 통한 경쟁력 향상 도모
지식과 역량이 중요시되는 오늘날의 경쟁환경에서 인적자원을 통해 만들어지는 아이디어나 기술 및 창의력과 같은 부가가치 창출요소는 다른 경쟁기업들이 쉽게 모방할 수 없다.

2) 업무와 조직에 대한 구성원들의 정서적 몰입도 제고
자신의 직무에 애착이 강하고, 조직에 대한 애정이 큰 사람들로 구성된 조직은 그렇지 못한 조직에 비해 높은 성과를 달성할 수 있다.

Ⅱ 고성과 작업시스템의 주요 구성요소

1. 적극적인 교육훈련의 제공

종업원을 대상으로 다양한 교육훈련과 인적자원개발 프로그램을 제공함으로써 종업원들의 역량을 제고하고, 회사에 대한 신뢰를 줌으로써 자긍심과 동기부여를 도모할 수 있다.

2. 성과와 연계된 인센티브 제공

성과와 연계된 인센티브 제공은 종업원들이 성과지향적 행동을 하도록 동기를 유발하는 효과가 있다.

3. 커뮤니케이션 활성화와 자율권 부여

구성원 간의 활발한 커뮤니케이션은 새로운 아이디어의 생성과 확산을 촉진하며, 현장에 주어진 자율권은 새로운 아이디어 또는 혁신적 제도의 채택과 실행을 통해 생산성 제고에 공헌하게 된다.

4. 엄격한 채용관행

인재를 엄선하는 다양한 채용방법과 채용도구, 그리고 인재상에 대한 엄격한 채용관행을 보유하고 있다.

5. 평등주의적 관행

각종 차별을 철폐하여 수직적, 수평적으로 평등한 기업풍토가 존재한다.

Ⅲ 고성과 작업시스템의 효과

1. 지속가능한 경쟁우위 확보

조직측면에서는 핵심인재를 지속적으로 개발, 육성함으로써 조직의 미래경쟁력을 확보할 수 있다.

2. 직장 내에서 인간적 가치 구현

개인 측면에서는 인간적 가치 구현으로 조직몰입과 개인욕구 충족이 동시에 달성될 수 있다.

3. 낮은 이직률

종업원의 참여도 제고와 의사결정 과정에서의 임파워먼트는 종업원 만족도 향상으로 이직률 감소로 이어진다.

4. 조직목표 달성 용이

조직의 새로운 전략 수립이나 전략 변경 시 종업원의 업무수행 능력을 향상시켜, 환경변화에 유연하고 신축적인 대응이 용이하다.

5. 높은 생산성과 효율성

직무역량이 높고 조직문화 적합성이 높은 인재를 선발할 가능성이 높아 품질향상, 고객만족 등으로 기업의 재무적 성과에 기여한다.

I 전략적 인적자원관리의 개념

전략적 인적자원관리는 조직의 전략과 연계되어 설계되고 운영되는 인적자원의 관리방식이다. 기업이 처한 환경하에서 나아가야 할 방향(미션, 비전)을 설정하고, 기업목적을 달성하기 위한 전략을 후원할 수 있는 인사관리 방안들을 개발하고, 조직전략과 조화를 강조한다는 점이 전략적 인적자원관리의 특징이다. 기업환경의 급격한 변화 속에서 자원에 대한 효율적 통제의 중요성이 부각되었는데, 특히 인적자원을 전략적 자산으로 보고 경쟁우위의 원천으로 인식, 인사관리를 조직전략과 통합적으로 생각하게 되었다.

II 전통적 인적자원관리와 전략적 인사관리의 비교

1. 종업원은 생산요소가 아닌 기업의 핵심적 자원

전통적 인적자원관리는 종업원을 기계나 원료와 같이 하나의 생산요소로 취급하여 통제와 관리의 대상으로 보지만, 전략적 인사관리는 사람이라는 자원을 기업의 성장과 경쟁우위의 확보를 위해 필요한 핵심적 자원으로 본다.

2. 거시적 시각에서 인적자원에 대한 중·장기적 투자

전통적 인적자원관리는 노동력을 절감의 대상인 비용으로 보는 미시적·단기적 관점으로 간주한 반면, 전략적 인적자원관리는 인적자원을 자산으로 보고 구성원의 능력개발과 동기부여를 통한 조직효과성 증대를 위해 투입되는 제반 비용을 투자로 간주한다.

3. 각각의 인사기능에 대한 통합적·종합적 관리방안 모색

전통적 인적자원관리는 확보, 개발, 평가, 보상, 유지 등의 개별적 인사기능의 독립적 역할을 강조한 반면, 전략적 인적자원관리는 각각의 인사기능들을 서로 통합하여 종합적으로 분석하면서 일관성 있는 전체적 관리를 모색한다.

> **호손(Hawthorne) 공장의 실험을 중심으로 인간관계론의 주요 내용을 기술하고 인간관계론이 인사관리에 어떠한 시사점을 제공하였는지 설명하시오.** [2020년 10점]
>
> 기출 및 유사문제
> - 경영조직의 발전과정을 과학적 관리론, 인간관계론, 근대적 조직론(조직행동론) 중심으로 비교 논술하라. [50점] (1991년 제3회 공인노무사시험)
> - 과학적 관리론이 직무설계, 선발과 훈련, 보상, 일선감독직무에 기여한 바를 논하고, 인간관계론을 과학적 관리론과 비교하여 호손실험(Hawthorne Study) 중심으로 논하시오. [50점] (2018년 제27회 공인노무사시험)

I   인간관계론의 의의

인간관계론은 인간의 행위가 외적요소(임금, 작업환경 등)보다 내적요소(내부적인 주관이나 태도 및 감정구조, 심리상태)에 의해 결정된다고 본다.

II   호손실험을 중심으로 인간관계론의 주요내용 도출

메이요(Mayo)와 뢰슬리스버거(Roethlisberger) 교수는 전화기 제조회사인 호손공장에서 당초는 과학적 관리법에 대한 타당성을 검증할 목적이었으나, 그 연구결과는 반대의 결과를 얻었다.

1. 제1단계(조명실험)

조명실험의 목적은 작업장에서의 조명이 작업자의 피로도, 나아가 생산성에 미치는 영향을 밝히려 하였으나, 실험집단과 통제집단의 작업능률이 모두 상승하였다. 조명과 같은 작은 변화는 작업능률에 대한 원인규명은 불가능하다고 결론지었다(원인규명 불가능).

2. 제2단계(계전기실험)

전화기 부품인 계전기 조립의 작업조건을 개선한 후, 작업조건을 기존 상태로 환원하였음에도 불구하고, 여전히 높은 작업능률을 유지하였다. 이는 타인에 의해 관찰되고 있거나, 관심을 받고 있을 때 사람의 행동이 달라지는 현상(호손효과)이 작업조건의 변화보다 더 중요하다고 결론지었다(심리적 측면의 강조).

*암기법: 조계면배

3. 제3단계(면접실험)

작업능률 향상에 대한 작업자의 심리적 측면을 집중 조사했는데, 그 결과 작업의욕은 개인적 감정에 의해서도 영향을 받지만, 그가 속한 집단의 사회적 조건에 따라서 더 크게 좌우된다는 것이 밝혀졌다(사회적 동물).

4. 제4단계(배전기 전선작업실 실험)

작업자를 둘러싸고 있는 사회적 조건이 작업능률에 미치는 영향을 관찰하였지만, 회사의 공식조직과는 별도로 자주적인 비공식조직이 존재하며, 작업능률은 비공식조직과 밀접한 관계가 있다는 것을 발견하였다(비공식집단).

Ⅲ 시사점

1. 공헌(기여)
(1) 직무 측면에서는 전문화와 분업의 역기능에 주목하였다(종업원의 사회적 관계에 악영향).
(2) 인간의 행동은 경제적, 논리적 측면에 의해서만 결정되는 것이 아니라 사회적, 비합리적 측면에 의해서도 영향을 받는다.
(3) 공식조직보다는 비공식조직의 중요성을 강조하였다(Group Dynamics).
(4) 인간행동에 대하여 기존의 경제적 접근 외에도 사회적 접근 등 다양한 분석이 가능함을 환기시켰다.

2. 비판(한계)
(1) 사회적, 심리적 측면이 지나쳐 조직 없는 인간, 비공식조직을 강조하나, 기업은 성과위주의 경영조직임을 간과하였다.
(2) 비경제적 보상을 너무 강조한 나머지 급여와 같은 경제적인 보상을 등한시하는 듯한 인상을 주어, 노조는 '사탕발림 인사관리'라고 혹평하였다.
(3) 기업경영조직에 과연 비공식조직이 존재하느냐에 대한 의문이 제기되었다.

> **기업이 해외법인이나 해외지사 등으로 파견하는 자국인을 선발할 때 고려하여야 할 점을 역량, 적응성, 개인특성의 3가지 요인을 중심으로 설명하시오.** [2020년 10점]

I 해외파견자 선발의 의의

해외에 가서 주재원으로 근무할 인력의 선발은 해외파견의 성패를 가름하는 중요한 요소이다. 해외파견의 실패는 예정된 해외근무 임무를 달성하지 못하고, 중도에서 귀국하는 경우를 말한다. 중도귀임은 대부분 본인이나 가족이 현지 적응에 실해하기 때문에 발생한다. 이 경우 근무자의 재배치비용과 새로운 근무자의 파견 및 교육훈련 비용이 발생할 뿐 아니라, 경우에 따라서는 현지 정부나 거래선과의 관계에 문제가 발생할 수 있으며, 이로 인해 현지에서의 생산과 영업에 큰 타격을 주게 된다. 해외파견의 피해를 방지하고 해외사업을 성공적으로 이끌기 위해서 해외파견자의 선발에 많은 노력을 기울일 필요가 있다. 이때 특별히 고려하여야 할 점은 역량, 적응성, 개인특성의 3가지 요인일 것이다.

II 해외파견자의 핵심자질 및 선발기준

1. 역량

해외파견자의 선발에 있어서 담당하는 업무에 대한 전문성은 기본적으로 갖추어야 할 역량이지만, 그것만으로는 충분하지 않다. 언어능력, 전략 마인드, 인간관계 기술, 협상능력 등을 선발과정에서 균형 있게 고려할 필요가 있다.

2. 적응성

해외법인이나 해외지사 등 새로운 환경의 적응능력, 다른 문화의 감수성 등도 해외파견자 선발과정에서 충분히 고려해야 한다.

3. 개인특성

해외파견자를 선발함에 있어서 추가적으로 고려해야 할 사항은 파견자의 건강과 가족, 특히 배우자 문제이다. 가족의 부적응은 주재원의 해외 적응을 어렵게 만드는 중요한 요인이기도 하지만, 이와 동시에 성공적인 해외근무를 위해서는 가족의 적극적인 지원이나 협조가 필수적이다. 아쉬운 점은 우리나라 기업들은 아직 다른 나라 국제기업들에 비해 가족의 현지 적응을 지원하기 위한 제도적 지원이 미흡한 실정이다.

> **Miles&Snow의 전략유형인 방어형(Defender), 공격형(Prpspector) 및 분석형 (Analyzer)을 인적자원관리의 초점 차원에서 설명하고, 각 유형에 따른 충원, 성과평가 및 보상에 미치는 영향을 논하시오.** [2019년 30점]

I 전략의 개념과 인사관리와의 관계

1. 전략의 개념

전략(Strategy)이란 기업경영에 도입되어 기업이 불확실한 상황 및 경쟁환경 아래에서 나아가야 할 방향을 설정하고, 기업의 목적을 달성하기 위하여 체계적이고 합리적인 대응노력을 기울이도록 하는 기본방침 또는 계획이다.

2. 전략과 인사관리와의 관계

전략의 성공에는 인사관리의 관여 및 지원이 큰 역할을 하며, 동시에 기업의 전략은 그 자체가 인적자원 관리제도의 형성에 지대한 영향을 미치는 상황요인이 된다. 인사관리에 영향을 미치는 요인으로서 전략은 크게 기업의 규모를 키우는 것과 관련된 성장전략과 타 기업과의 경쟁관계를 분석하는 경쟁전략으로 분류할 수 있다.

II 경쟁전략의 유형과 인적자원관리에서의 초점

기업이 전략유형에 부합하는 조직구조나 관리방식을 갖추어야 성가를 낼 수 있다는 가정하에 고객의 욕구를 파악하고 충족시키는 방식에 따라 방어형, 공격형 및 분석형으로 전략을 분류하였다. 이와 같이 Miles&Snow의 경쟁전략은 고객의 욕구 충족과 시장에서의 우월적 지위 형성을 도모하는 전략을 의미한다.

1. 방어형

보다 효율적 제조를 통해서 기존의 제품을 높은 품질이나 낮은 가격으로 제공하여 고객의 욕구를 충족시키는 전략유형이다. 이는 현재의 경쟁상황과 시장점유율을 유지하려고 하기 때문에 안정적이고 정해진 범위에서의 효율성 달성(규모의 경제에 의한 비용효율성)이 경영의 우선목표가 되기 때문이다. 인적자원관리의 초점은 현상유지 및 안정추구라 할 수 있다. 조직구조도 공식성과 집중성이 강해지는 구조를 갖게 된다.

2. 공격형

적극적인 위험을 감수하고 새로운 기회에 대한 탐색과 성장을 추구하는 전략유형이다. 이에 따라 진취적이고 창의적인 업무수행을 위해서 권한위임이 이루어지고, 유연하면서도 탄력적인 의사결정을 선호하기 때문이다 인적자원관리의 초점은 혁신과 모험을 추구한다. 기업에서는 유연성과 분권화가 제고된다.

3. 분석형

부분적으로 혁신을 추구하는 한편 안정성을 유지하는 전략유형이다. 인적자원관리의 초점은 방어형과 공격형 전략의 중간에 위치한다. 먼저 진입하지는 않고 공격형의 대상기업을 관찰하다 성공 가능성이 보이면 개선된 제품으로 신속하게 후발로 진입하는 전략(Fast Follower)이다.

Ⅲ 경쟁전략의 유형과 '충원, 성과평가 및 보상' 관리

1. 방어형

1) 충원
공식적이고 철저한 인력계획을 수립하고, 내부 노동시장으로부터의 인재를 육성하는 정책(Make)을 사용한다.

2) 성과평가
성과나 역량평가보다는 역할의 수행 여부를 중심으로 행동중심형 고과(BARS)가 강조된다.

3) 보상

기본급을 중시하며, 대내적 공정성을 강조한다. 현재 인적자원의 조직이탈을 방어하도록 타사 수준에서 임금을 지급하는 동행전략을 활용할 수 있다.

2. 공격형

1) 충원

인력계획은 비공식적이고 제한적으로, 주로 외부 노동시장으로부터 인재를 영입하는 정책(Buy)을 사용한다.

2) 성과평가

성과와 업적을 강조하므로 조직 목표달성에의 공헌도로 판단되는 결과위주의 성과평가(MBO)가 강조된다.

3) 보상

성과에 상응하는 보상을 지향하며, 대외적 경쟁력을 강조한다. 우수한 인적자원의 확보를 위해 경쟁기업보다 높은 임금을 지급하는 선도전략을 활용할 수 있다.

3. 분석형

1) 충원

외부충원과 내부육성을 필요에 따라 적절히 병행한다(Make&Buy).

2) 성과평가

효율성을 중시하는 방어형에서의 평가방식(행동중심형 고과)을 기본으로 한다.

3) 보상

내부공정성과 외부공정성을 동시에 고려해야 하므로, 연공급을 기본급의 운영원칙으로 하되, 개인 및 집단 차원의 인센티브 제도를 추가적으로 보완할 필요가 있다.

홉스테드(G. Hofstede)의 다양한 문화를 구분할 수 있는 5가지 차원에 관하여 각각 설명하시오. [2017년 10점]

기출 및 유사문제

- 두 나라 근로자들의 행동차이의 원인일 수 있는 국가문화의 하위차원들[홉스테드(Hofstede)의 연구]에 대해 한국과 미국을 비교하여 설명하시오(단, 남녀역할 차이와 장기/단기지향성에 간한 국가문화 차원은 무시). [25점] (2017년 제26회 공인노무사시험)

I 홉스테드의 문화연구

홉스테드는 전 세계 70개 국가에 퍼져 있는 IBM 지사의 현지 직원들 116,000명을 대상으로 대대적인 설문조사를 수행하여, 조직과 관련해서도 국가 간에 많은 문화적 차이가 있다는 사실을 실증적으로 연구하였다.

* 암기법: 장남개불권

II 문화의 5가지 차원

1. 장기지향성 대 단기지향성(Long-term Orientation vs. Short-term Orientation)

장기지향성은 미래, 지속성, 성장 등의 가치를 중시하는 반면, 단기지향성은 현재의 시점과 사회적 의무에 대한 이행을 중시한다.

2. 남성적 성향 대 여성적 성향(Masculinity vs. Femininity)

남성적 성향의 사회에서는 사회의 지배가치가 결단성이나 돈 또는 다른 물질적 수단이 된다. 반면 여성적 성향의 사회는 사람들 간의 관계, 다른 사람들에 대한 배려, 삶의 질에 대한 관심이 보다 중요시되는 사회이다.

3. 개인주의 대 집단주의(Individualism vs. Collectivism)

개인주의란 개인이 자기 자신이나 자신의 직계가족의 이해를 우선적으로 생각하는 성향을 뜻한다. 개인주의적 사회에서는 개인 간의 유대관계가 약하고, 각 개인에게 주어진 도덕적 자유의 몫이 매우 크다. 집단주의는 개인주의의 수준이 낮음을 의미한다.

4. 불확실성 회피성향(Uncertainty Avoidance)

불확실성 회피성향은 사람들이 불확실한 상황에 대하여 불안을 느낀다든가 그러한 상황을 탈피하고 싶어 하는 정도를 뜻한다.

5. 권력격차(Power Distance)

권력격차는 사회에 존재하는 권력의 불균형에 대해서 구성원들이 받아들이는 정도를 뜻한다. 조직 내에서 권력격차는 권한의 상부집중화나 독단적 리더십의 사용가능 수준을 결정해 주기 때문에 조직경영에 커다란 의미를 준다.

Ⅲ 조직행동에 주는 시사점

슈나이더(Schneider)의 '유인-선택-퇴출이론'에 따르면 조직특성과 유사한 특성을 가지는 개인은 조직에 의해 유인되며, 그렇지 않은 개인은 조직으로부터 퇴출된다는 이론이다. 따라서 적합성을 기초로 종업원을 선발하고 육성하면 종업원의 높은 만족감과 이직률 감소를 도모할 수 있다. 하지만 홉스테드의 연구가 1980년 이전에 이뤄진 것이라는 점을 감안할 때, 오늘날 문화가 달라졌을 수도 있어, 실증적 후속연구가 필요하다.

I 고몰입 인적자원관리시스템의 등장배경과 정의

1. 고몰입 인적자원관리시스템의 등장배경

지식정보화 시대로 변화하면서 무한경쟁의 시대로 접어들게 되는 등 경쟁
환경의 급격한 변화와 새로운 시장경쟁의 원리는 기업에게 지속적인 혁신
을 요구하게 되었고, 이러한 혁신과 변화의 주체는 조직이 보유하고 있는
인적자원이라는 인식이 확산되었다. 즉, 인적자원의 경쟁우위 확보가 기업
의 핵심원천이 될 수 있다고 인식하면서 고몰입 인적자원관리시스템에 대
한 연구가 활발하게 이루어지게 되었다.

2. 고몰입 인적자원관리스템의 개념

조직 내 인적자원을 핵심역량으로 삼아 지속적인 경쟁우위를 확보하려는
노력의 일환으로 고몰입 인적자원관리시스템(High-involvement HR system)
에 대한 연구가 진행되었다. 근로자를 하나의 자원으로 보는 개념으로, 조
직성과를 증진하기 위해 종업원에 대한 적극적인 투자를 하고, 이들의 동기
와 헌신을 이끌어 내는 목적으로 인적자원을 관리하며, 구체적으로는 교육
에 대한 적극적 투자, 공정한 평가와 보상시스템, 나아가 노사 간 협력과 신
뢰에 기반하여 구성원들의 자발적 참여와 헌신을 유발함으로써 보다 높은
성과달성을 유도하는 인적자원관리 관행을 의미한다.

Ⅱ 고몰입 인적자원관리스템의 특징

1. 인적자원을 통한 경쟁력 향상 도모

지식과 역량이 중요시되는 오늘날의 경쟁환경에서 인적자원을 통해 만들어지는 아이디어나 기술 및 창의력과 같은 부가가치 창출요소는 다른 경쟁기업들이 쉽게 모방할 수 없다.

2. 업무와 조직에 대한 구성원들의 정서적 몰입도 제고

자신의 직무에 애착이 강하고, 조직에 대한 애정이 큰 사람들로 구성된 조직은 그렇지 못한 조직에 비해 높은 성과를 달성할 수 있다.

Ⅲ 성과제고를 위한 3가지 기제(인적자본 측면)

'기제'란 어떤 현상이나 구조 따위를 생성하는 계기, 혹은 동기로 작용하는 것을 말한다. 기업의 성과제고 관점에서 인적자원의 3가지 기제를 강화함으로써 조직의 성과향상에 기여할 수 있다.

1. 지적자본(Intellectual Capital)

우수역량을 보유한 인적자원의 확보 및 유지, 지속적 역량강화를 의미한다.

2. 정서적 자본(Emotional Capital)

인적자원에 대한 조직몰입도를 제고하기 위하여 내재적 동기를 강화하고, 목표 및 가치를 일체화하고, 현장직원의 참여를 촉진하는 것을 의미한다.

3. 사회적 자본(Social Capital)

구성원들 간의 공통 이해 기반을 구축하고 팀워크와 협업을 장려하는 것을 의미한다.

Ⅳ 성과제고를 위한 기제별 구성요소(실행방안이나 제도)

1. 지적자본(Intellectual Capital)

우수역량을 보유한 인적자원을 확보하기 위해서는 선별적 모집 및 선발하는 제도 마련과 고임금정책을 유지해야 한다. 또한 인적자원의 지속적 역량강화를 위해 평생학습체계, 직무순환제, 다기능훈련 등이 대표적인 실행방안이다.

2. 정서적 자본(Emotional Capital)

통제기반형의 X론적 시각에서 자율과 몰입을 강조하는 Y론으로의 시각 전환이 필수적이다. 내재적 동기강화를 위해 동기부여 목적의 직무재설계가 필요하며, 사회화 프로그램 및 조직성과 연동의 보상체계는 조직몰입도를 제고할 수 있다. 또한 현장직원의 참여를 촉진하기 위한 임파워먼트, 지식제안제도 및 다양한 소통채널도 활용할 수 있다.

3. 사회적 자본(Social Capital)

임금격차의 완화, 각종의 차별 철폐는 보다 강력한 팀워크와 협업 증가를 기대할 수 있고, 이익배분제와 다양한 성과배분제는 구성원 간 공통의 이해 기반 구축을 통하여 사회적 자본을 강화함으로써 조직성과 향상으로 연결될 수 있다.

I 인사자원관리와 환경변화

조직은 환경과 상호작용하고 있다. 기업뿐만 아니라 학교, 병원, 정부 등 모든 조직은 다양한 환경에 둘러싸여 제반 환경요인으로부터 영향을 받는 동시에 환경에 적응하여야만 지속적인 성장을 할 수 있다. 이처럼 환경과 영향을 주고받는 조직을 개방시스템(Open System)이라 하며, 기업은 가장 대표적인 개방시스템이다. 기업을 둘러싸고 있는 도전적 환경은 인적자원관리에 많은 영향을 미친다. 이러한 환경에 적응하기 위한 노력은 기업이 생존하기 위해서 필요불가결하다. 오늘날 한국기업이 직면해 있는 주요 환경적 요소로 인력성의 다양화 및 구성원의 고령화가 가속되고 있으며, 조직구성원의 근로에 대한 가치관으로 삶의 질을 중시하는 경향이 강해지고 있다. 또한 글로벌화의 가속화로 인한 글로벌 인재의 수요가 증대하고 있으며, 코로나19 팬데믹 이후 스마트워크의 급격한 확산으로 일하는 방식이 변화하고 있다. 마지막으로 윤리경영에 대한 요구가 더욱 강해지고 있다. 이러한 환경변화에 따라 한국기업에게는 조직의 유지 및 발전의 기회요인인 동시에 위협요인으로 작용할 전망이다.

II 한국기업 인사관리의 패러다임 변화

1. 인력구성의 변화

1) 여성인력의 증가

사회인식의 변화와 교육수준 향상, 근무시간의 유연화 등의 요인에 의해 여성의 경제활동은 꾸준히 늘어나고 있다. 이에 따라 여성근로자의 모성보호 및 성차별 해소, 고용평등 노력 등 기업의 인적자원관리에 새로운 과제를 주고 있다.

2) 고령화

한국기업의 임금형태가 연공급이 주류를 이루고 있음을 고려할 때, 호봉제도나 퇴직금제도는 기업의 인건비 부담을 가중시킬 수 있기 때문에 이에 대한 대책이 필요하다.

3) 고학력화

우리나라의 높은 교육열은 대학교육의 수요를 과열시켰고, 점차 노동시장에서는 고학력자의 과잉공급 문제로 기업인력의 자격과잉 현상을 야기한다. 이는 임금과 근로조건에 대한 불만의 증가와 생산성 저하를 유발할 수도 있다.

4) 비정규직의 증가

비정규직의 활용은 노동비용 감소, 유연한 인력관리 등의 장점이 있으나, 근로의욕 저하와 조직충성도 감소로 장기적인 생산성을 저하시킬 수 있다.

2. 근로가치관의 변화

종업원의 근로행동에 영향을 미치는 노동가치관은 해당 종업원이 속한 국가의 문화에 깔려 있는 사회적 가치관의 영향을 받아 형성된다. 최근 근로생활의 질에 대한 이슈는 일과 삶의 균형(Work-Life Balance: WLB)으로, 이는 취업매력도에도 큰 영향을 미치고 있다. 근로가치관의 변화는 기업의 인사관리에 어려움을 준다, 만일 특정 기업이 근로생활의 질을 지원하지 않는 인사관리를 할 경우, 기업 이미지가 나빠져 우수인재의 확보가 곤란해지고, 소비자들에게도 나쁜 이미지로 연결될 우려도 있다.

3. 글로벌 인재의 수요 증대

21세기에 들어와 지구촌에는 정치적 국경선은 존재할지 몰라도, 경제적 국경선은 현저히 사라지고 있다. 문화가 다른 근로자들이 같은 곳에서 일함으로써 나타나는 언어소통 및 협동문제, 그리고 외국에서 기업경영을 할 때 요구되는 해당 국가의 법적 및 상관행 등에 대한 이해 등이 주요 이슈가 되고 있다. 특히 글로벌 인재의 이동 다양화는 글로벌 인재의 몸값 상승으로 인건비 증가를 피할 수 없게 된다.

4. 스마트 워크의 확산

정보통신 기술발전에 다른 일하는 방식의 혁신적인 변화가 진행되고 있다. 스마트 워크는 고정된 근무장소, 정해진 근무시간에 따라 일하는 방식 대신 정보기술(IT) 기기 등을 활용해 장소나 시간에 구애받지 않고 일하는 방식을 말한다. 스마트 워크 도입의 장점은 사무공간이나 운영비용 절감, WLB, 단점으로는 조직몰입도 및 소속감 저하, 기술 및 보안문제 발생으로 인한 핵심기술 등 정보 유출이 우려된다. 스마트 워크의 효과를 극대화하기 위해서는 우선 효과가 큰 직무를 선별해야 한다. 예를 들면 커뮤니케이션의 필요성이 상대적으로 낮고, 업무내용이 명확하여 독립적 업무수행이 가능한 직무, 업무성과가 정량적이며, 객관적인 직무가 이에 해당한다.

5. 윤리경영에 대한 요구 증대

한국기업뿐만 아니라, 선진 외국기업에서도 윤리경영은 기업이 자신의 주된 활동인 이익극대화 과정에 추가로 할 수 있는 선택의 문제가 아니라, 오늘날 경쟁력을 확보할 수 있는 생존의 문제로 인식되고 있다. 한국기업의 경우 주어진 법을 지키는 준법경영의 수준에서 머물지 않고, 적극적인 사회적 책임을 수행할 때 보다 더 높은 경쟁력을 확보할 것으로 전망되고 있다. 이러한 윤리경영의 실천에 기업의 인사관리 부문이 결정적인 역할을 할 것이다.

6. 4차 산업혁명의 도래

기술변화는 기본적으로 인사관리의 중심이 되는 직무의 내용을 변화시킨다. 이러한 변화는 바로 직무를 수행하는 작업자에게 요구되는 역량을 변화시켜, 이것이 인사관리 전반에 영향을 미친다. 4차 산업혁명은 사물 인터넷, 빅데이터, 인공지능 등을 활용하여 생산활동 및 인간의 생활에 서비스를 제공하는 것으로 요약할 수 있다. 4차 산업혁명이 인사관리에 미치는 영향은 근무방식에 있어서는 임시직 고용관계 중심의 '긱 경제(Gig Economy)'가 확대될 것이고, 인력확보에 있어서도 근로자에게 요구되는 역량이 기존과 달리 창의적 아이디어와 비주얼 능력 등이 포함될 것이다. 또한 인력개발의 경우에도 근로자에게 특정분야의 전문적 지식보다 공통적이고 범용적인 능력이 요구될 전망이다.

Ⅲ 결론

21세기 급변하고 있는 한국기업의 인적자원관리의 주요한 패러다임 변화를 살펴보았는데, 이를 크게 요약하면, 경제적 이익을 최우선시하는 방식에서 사람을 더욱 중요하게 생각하는 방식으로 변화하고 있다는 것이다. 기업경쟁력의 주요 원천은 사람에게서 나오기 때문이다. 복잡하고 다양한 21세기 한국기업의 경영 및 인사 환경에서는 인적자원을 비용이 아닌 기업혁신의 잠재력으로 인식하는 동시에, 지속적 경쟁우위를 창출하는 원동력으로서의 위상에 걸맞은 관리역량을 갖추어야 한다는 울리히(Ulrich)의 주장을 고려할 필요가 있다. 조직의 혁신과 변화를 성공적으로 수행하기 위해서 인사관리자는 변화촉진자의 역할도 반드시 필요하며, 추가적으로 경영전략의 효과적 수행을 위해 전략적 동반자의 역할도 균형 있게 수행하는 것이 타당하다는 것이다.

참고 문헌

1. 김유미(2018), 『인사노무관리 전략노트 목차키워드』(제4판), 새흐름

2. 전병옥(2018), 『인사노무관리론 핵심암기 70제』, (주)이패스코리아

3. 임정수(2018), 『2018 경영지도사2차 인적자원관리 한권으로 끝내기』, (주)시대고시기획

4. 이인호(2018), 『공인노무사 핵심정리 인사노무관리』, 새흐름

5. 박우성·우규창(2019), 『리더를 위한 인전자원관리』(제2판), 창민사

6. 김영재·김성국·김강식(2019), 『신인적자원관리』(제4판), 탑북스

7. 최중락(2020), 『인사관리와 고용관계』(제8판), 상경사

8. 최중락(2020), 『인사관리연습』(제3판), (주)샘앤북스

9. 박경규(2021), 『신인사관리』(제8판), 홍문사

10. 이해선(2021), 『공인노무사를 위한 경영학개론』(제6판), 주식회사 필통북스

11. 임현진(2022), 『단권화 인사노무관리』(제2판), 박문각공인노무사

기출을 보면 합격이 보인다
경영지도사 [인적자원관리/인사관리]

1판 1쇄 발행 2023년 5월 16일

지은이 성일경, 이준열, 염준섭

교정 주현강 **편집** 유별리 **마케팅·지원** 김혜지

펴낸곳 (주)하움출판사 **펴낸이** 문현광

이메일 haum1000@naver.com **홈페이지** haum.kr
블로그 blog.naver.com/haum1000 **인스타** @haum1007

ISBN 979-11-6440-356-1(13320)